高等院校体育管理实训教材

体育市场营销学实训指导

骆秉全　高天　编著

人民体育出版社

图书在版编目(CIP)数据

体育市场营销学实训指导/骆秉全，高天编著.–北京：人民体育出版社，2014
ISBN 978-7-5009-4612-0

Ⅰ.①体… Ⅱ.①骆… ②高… Ⅲ.①体育–市场营销–高等学校–习题集 Ⅳ.①G80-05

中国版本图书馆CIP数据核字（2014）第019051号

*

人民体育出版社出版发行
三河兴达印务有限公司印刷
新 华 书 店 经 销

*

787×960 16开本 11印张 170千字
2014年7月第1版 2014年7月第1次印刷
印数：1—2,000册

*

ISBN 978-7-5009-4612-0
定价：25.00元

社址：北京市东城区体育馆路8号（天坛公园东门）
电话：67151482（发行部） 邮编：100061
传真：67151483 邮购：67118491
网址：www.sportspublish.com
（购买本社图书，如遇有缺损页可与发行部联系）

前　言

　　为适应国际、国内体育市场的蓬勃发展和体育市场经营管理的现实需要，目前我国的体育院系在诸多专业中开设了体育市场营销学的课程，这对促进体育事业发展和体育市场的繁荣，以及体育经营人才的培养起到了积极的作用。在多年的教学实践中我们发现，学生在学习体育市场营销学时对理论的理解比较机械，概念、原理记得很熟，但是实际分析能力、应用能力却非常有限。为了将体育市场营销的理论问题讲解清楚，突出案例教学的作用，培养学生的综合分析能力及实际操作能力，我们编写了这本《体育市场营销学实训指导》。

　　本书根据人民体育出版社 2008 年出版的《体育市场营销学》章节进度来设置练习题，同时搜集了大量相关案例和学生作品，供读者参考和讨论。丰富的练习题侧重基础知识的掌握，有助于学生更好地复习和巩固理论知识；相关作品和案例侧重于拓宽学生的视野，培养学生分析问题的能力，并在营销实务方面给予指导，辅助学生全面、具体地掌握体育市场营销学的理论及方法，有利于学生在学习中结合体育市场的实际去理解、分析和解决一些问题。此外，本书也可作为教师教学的参考资料。

　　由于时间仓促和编者的水平有限，教材中存在不足之处在所难免，敬请读者批评指正。在编写的过程中，参考了国内外大量的相关文献，在此对原作者一并致谢！

编　者
2013 年 11 月

目录

第一章　体育市场营销概述 ………………………………………………（ 1 ）

　　一、知识训练 ………………………………………………………（ 1 ）
　　　（一）基础知识训练 ………………………………………………（ 1 ）
　　　（二）案例分析训练 ………………………………………………（ 2 ）
　　二、技能训练 ………………………………………………………（ 5 ）
　　　（一）体育市场不同需求的营销方式策划训练 ………………（ 5 ）
　　　（二）体育市场经营环境相关分析 ………………………………（ 7 ）
　　　（三）体育市场经营观念的相关分析 …………………………（ 13 ）

第二章　体育市场分析 ……………………………………………………（ 16 ）

　　一、知识训练 ………………………………………………………（ 16 ）
　　　（一）基础知识训练 ………………………………………………（ 16 ）
　　　（二）案例分析训练 ………………………………………………（ 18 ）
　　二、技能训练 ………………………………………………………（ 24 ）
　　　（一）体育市场性质、构成及作用的分析训练 ………………（ 24 ）
　　　（二）体育服务意识的培养 ………………………………………（ 31 ）
　　　（三）分析体育市场需求 …………………………………………（ 32 ）
　　　（四）体育消费品市场及其体育消费者行为 …………………（ 40 ）
　　　（五）社会体育市场分析训练 ……………………………………（ 45 ）
　　　（六）运动训练与竞赛市场分析训练 …………………………（ 51 ）
　　　（七）体育彩票市场分析训练 ……………………………………（ 56 ）
　　　（八）体育旅游市场分析训练 ……………………………………（ 63 ）
　　　（九）体育用品市场分析训练 ……………………………………（ 71 ）

第三章　体育市场经营策略 ………………………………………………（ 79 ）

　　一、知识训练 ………………………………………………………（ 79 ）

1

（一）基础知识训练 ……………………………………………（79）
  （二）案例分析训练 ……………………………………………（81）
 二、技能训练 …………………………………………………………（86）
  （一）产品说明书陈述及写作技能训练 ………………………（86）
  （二）产品品牌标识陈述训练 …………………………………（90）
  （三）体育新产品开发训练 ……………………………………（91）
  （四）体育市场分析训练 ………………………………………（95）
  （五）体育目标市场分析训练 …………………………………（99）
  （六）体育市场发展策略分析训练 ……………………………（101）
  （七）体育市场策略制定训练 …………………………………（104）
  （八）体育市场经营策略制定训练 ……………………………（105）

第四章　体育经营的价格策略 …………………………………………（108）

 一、知识训练 …………………………………………………………（108）
  （一）基础知识训练 ……………………………………………（108）
  （二）案例分析训练 ……………………………………………（109）
 二、技能训练 …………………………………………………………（114）
  （一）投标说明书陈述及写作技能训练 ………………………（114）
  （二）体育产品定价方法和策略训练 …………………………（117）

第五章　体育市场经营中的促销策略 …………………………………（121）

 一、知识训练 …………………………………………………………（121）
  （一）基础知识训练 ……………………………………………（121）
  （二）案例分析训练 ……………………………………………（122）
 二、技能训练 …………………………………………………………（126）
  （一）产品广告语创意陈述训练 ………………………………（126）
  （二）营业推广训练 ……………………………………………（134）
  （三）树立公共关系及应对公关危机训练 ……………………（137）
  （四）人员推销训练 ……………………………………………（140）

第六章　体育市场经营中的销售渠道策略 ……………………………（144）

 一、知识训练 …………………………………………………………（144）

　　　　（一）基础知识训练 …………………………………………（144）
　　　　（二）案例分析训练 …………………………………………（145）
　　二、技能训练 ……………………………………………………（148）
　　　　（一）营销合作协议陈述训练 ………………………………（148）
　　　　（二）体育经纪人能力训练 …………………………………（150）
　　　　（三）体育活动举办地点选择训练 …………………………（153）

第七章　体育市场调研及预测 ……………………………………（155）
　　一、知识训练 ……………………………………………………（155）
　　　　（一）基础知识训练 …………………………………………（155）
　　　　（二）案例分析训练 …………………………………………（156）
　　二、技能训练 ……………………………………………………（159）
　　　　（一）体育市场调研问卷陈述训练 …………………………（159）
　　　　（二）体育市场预测训练 ……………………………………（163）

参考文献 ……………………………………………………………（167）

第一章 体育市场营销概述

一、知识训练

(一) 基础知识训练

1. 填空题

(1) _____年,美国哈佛大学教授_____出版了第一本以市场学命名的教科书。

(2) 市场营销学是研究企业在市场经济条件下,如何为用户和消费者服务,满足他们的需求,并因此获得_____的科学。

(3) 市场经营观念产生以来的 50 多年的历史表明,要贯彻好市场经营观念,首先应当注意的原则是:以市场为导向、以_____为中心、服务第一原则。

2. 判断题 (请在你认为正确的题目后面打"√",在你认为错误的题目后面打"×")

(1) 优秀的企业家在市场经营中,决不会放弃自身的优势去盲目满足消费者的需求,做扬短避长的投资,这种观点符合社会市场经营观念。( )

(2) 体育消费因素属于体育市场经营的外部环境。( )

(3) 一切在未来才会发生的购买消费都称之为潜在需求,对潜在需求应该采取转化性营销方法。( )

3. 选择题

(1) 下列属于体育市场营销学研究内容的有 ( )

A. 经营观念 B. 分析体育市场机会,选择目标市场

C. 体育市场经营策略 D. 4P 理论

(2) 体育市场经营有内部环境和外部环境之分，下列属于外部环境的有（ ）

A. 体制环境　　　　　　　B. 政策环境

C. 体育经营管理者的素质　D. 余暇时间

(3) 下列哪种观念是以市场为导向，以满足消费者和用户的需要为出发点和归宿，并以此获取最大利润的经营思想。（ ）

A. 推销观念　　　　B. 市场经营观念

C. 生产观念　　　　D. 社会市场经营观念

(4) 贯彻好市场经营观念，要注重下列哪几个方面（ ）

A. 以市场为导向　　　　B. 靠计划调配资源

C. 以消费者为中心　　　D. 服务第一原则

(5) 许多冰箱生产厂家近年来高举"环保"、"健康"旗帜，纷纷推出无氟冰箱。它们所奉行的市场营销观念是（ ）

A. 推销观念　　　　B. 生产观念

C. 市场营销观念　　D. 社会市场营销观念

4. 名词解释

(1) 体育产业

(2) 体育劳务

5. 简答题

(1) 简述市场营销中，经营观念经历的发展变化。

(2) 简述体育市场不同需求的营销方式。

（二）案例分析训练

案例分析一　小哨子，大利润

日本有一家只有7人的企业，其产品是有些人看来不值得一提的哨子。可你千万别小看这小玩意，一年竟创造了7000万元的利润。原来，这家企业的产品特别"专一"——只生产哨子。他们动用了300多名专家研究哨子，最贵的哨子卖到2万美元一个。在世界杯足球赛上，所有裁判用的哨子都是出自该厂。更令人称奇的是，他们的哨子种类达上千种，有给美国警察生产的专用哨子，还有给狗生产的无声哨子——世界著名的马戏团大多使用该厂生产的无声哨子,可以说,哨子让他们给做绝了。

【分析与探讨】

用现代市场营销理论对其营销方式、理念进行简要分析。

案例分析二　部落市场调研

　　威腾鞋业有限公司是近年来在国际市场上成长起来的运动鞋生产企业,公司产品的销售遍布全球,并在多个国家设有研究与开发中心。但运动鞋市场竞争非常激烈,既有像耐克、锐步公司这样的行业龙头,也有像中国李宁公司这样的后起之秀。为了扩大公司的市场份额,提高公司的市场竞争力,寻找新的经济增长点,公司准备开拓新的市场。经研究发现,近年来非洲地区政治形势趋于稳定,经济正在全面复苏,人们的生活水平不断提高,公司想进入非洲市场,将其运动鞋销往该地区。为此,公司派了三名销售人员前往非洲某国家的一个部落进行市场调查。第一位销售人员去了以后大失所望,第二天就打道回府,称"那里的人个个都是'赤脚大仙',无市场,公司在这里无法获得利润"。第二位销售人员在那里待了一周后,给公司回电说:"这里的人不穿鞋,但我能在这里卖鞋。"公司对此迷惑不解,到底公司应采取什么行动呢?第三位销售人员进入部落以后大喜过望,说这里的人不穿鞋,是一个巨大的市场,是一个开发市场的好机会。于是在该部落调查了一个月后写出了一份调查报告。报告称:"这里的人不穿鞋,但有脚疾,需要穿鞋,但不需要公司目前所生产的鞋,他们需要更宽、更长的鞋。这里的部落首领不让我们在此卖鞋,除非我们每年向他的金库进贡3万美元,他才愿意开放其市场。在这里卖鞋的利润率为22%,每年大概可销售5万双鞋。"三位前往该部落调查的人员谁是真正的市场营销人员呢?第一位只是一名销售员,更确切地说是一名接单员,没有订单,他就无所事事;第二位是一名推销员,他认为,他能推销任何产品,不管这种产品你是否需要;第三位才是一名营销人员,他在这个月中主要做了些什么呢?他进行了市场调查与分析、产品设计、销售预测、财务分析、投资分析、公共关系等。

【分析与探讨】

(1) 你认为一名成功的营销人员应具备哪些基本素质?

(2) 你会根据以上哪位人员的调查进行投资?

 案例分析三　体育学院应如何办学

某省师范大学体育学院正式成立了,这意味着学院进入了一个新的发展阶段。学院下设体育系、运动系和公共体育系。每逢学生毕业分配,刘院长的心情都难以平静,因为近年来学生就业的层次越来越低,学生一次就业率正在不断下降,每年上报的一次性就业率数字掺了不少水分,学校领导统一要求,不达到一定比例就要受批评。他很无奈,只好把一些有意向就业单位的学生和在外打短工的学生也报上去,这样体育学院的一次就业率才勉强达标。但年年如此,长久下去也不是办法,必须从根本上改变这种办学状况。为此,刘院长准备利用暑假期间召集学院有关教师就这个问题进一步讨论,理清思路,好好思考一下办学问题。李教授是体育学院的资深教授,在教师中享有很高的威望,他回忆起体育系在恢复高考时期至20世纪80年代初那段时间的辉煌,学生的求知欲望是多么强烈,教师的积极性是多么的高,他认为当前情况的出现主要在于忽视了对学生学习积极性的培养和教师职业道德的下降。主管学生工作的李书记认为,关键是学生入学时素质的下降,导致毕业生素质的下降。社会上对体育教师还是存在较大的需求,尤其是在偏远山区和贫困地区,只是学生的眼光越来越高,不愿意到这些地方工作。分管学生的赵副院长认为,目前这种状况的出现,虽然有学生的问题,但更主要的是在于教学本身。这几年的扩招使得教学质量有所下降,教学场馆严重不足,教学设施严重落后。要改变目前这种状况,应树立以教学为中心的观念,围绕教学进行改革,不断地提高教学质量。教学质量提高了,学生的质量就会相应地提高,毕业分配自然就会较为理想。胡副教授在体育学院,以怪论著称。他认为,应当对当前学生就业率进行全面分析。学生就业率的下降,既有教师的问题,也有学生的素质和对就业认识的问题。目前我国已由原来的精英教育向通才教育模式转变,学生短期不能就业,也是一种正常现象,不必大惊小怪。此言一出,立即遭到众人反对,甚至有人认为胡教授高高在上,不关心学生。刘院长一看,大家讨论非常激烈,但一时难以得出结论,争论下去还可能影响团结,所以他说:"这次大会开得很好,大家各抒己见,达到了会议的要求。但由于办学观念是一个长期研究的课题,国家教育主管部门有时也搞不清楚,下次有机会再议。"就此宣布散会。

刘院长回家想想大家的发言,觉得都有道理,但又都没有道理,到底体育学

院应如何办学呢?他现在越来越感到困惑。

【分析与探讨】

(1) 试分析以上各位发言者的观点属于何种营销观念?

(2) 你认为当前体育院系办学应遵循什么观念?

二、技能训练

(一) 体育市场不同需求的营销方式策划训练

【训练目的】

1. 了解不同的需求应采用不同的营销方式。
2. 八大营销方式的设计训练。

作品一 不规则需求与同步性营销

不规则需求是指某些体育产品在生产、服务和需求之间存在着时间差距,如市场需求的淡季和旺季,冬季项目和夏季项目的产品和服务都有这类问题。而营销者就需要从生产、服务和需要三方面着手,使产需关系达到较佳的同步状态。

例:高尔夫球场的经营。高尔夫球场在其运作活动中受时间的约束很大,顾客的随机到达,更增加了球场时间安排的难度,特别是在节假日,当顾客需求超过球场的实际接待能力时,就会出现"压场"等现象。为了使球局顺畅进行,有必要从以下方面加强时间管理。

提前预定:即在周末及节假日,提前预约开球时间和在每次签到开单时确定开球时间。

编组下场:在节假日等繁忙时段提倡多人编组下场,限制3人以下小组下场。

限制杆差:在周末及节假日特定时段,限制球差在36以上的男球手和杆差在42以上的女球手下场打球。这样可以调节工作日和节假日的客流量。

准时开球:开球时间一旦确定,工作人员将保证球手准时开球。当球手延误了确定的开球时间时,工作人员则只能在后续的空闲时段安排其下场。

加强巡场:由3位职业教练(球手)轮流巡场,控制整体流动节奏,提示超时慢打的球手,处理影响正常运行的事宜。提倡球手慢打快走,在4小时15分钟内完成4人组球局。

强化顾客时间观念：建议顾客在预订的发球时间之前30分钟抵达会所，并在10分钟之前到达出发站等候工作人员通知开球。任何时候都服从俱乐部出发台的安排，制止干扰俱乐部的管理和其他会员的打球次序，强行下场开球。

作品二　潜在需求与发展性营销

一、现　状

越来越多的女性对高跟鞋的追求愈演愈烈，穿上高跟鞋，女性美发挥得淋漓尽致。可是事物都有两面性，穿久了高跟鞋或者选择不当会让人的健康受到影响。专家也说穿久了普通高跟鞋会带来一些负面影响。爱美的女孩通常都会选择穿高跟鞋，甚至认为高跟鞋的跟越高就越漂亮，实际不知道，盲目地追求所谓的漂亮和时尚，最终会导致自己的身体健康受到严重的影响，可以说是得不偿失，为什么会这样呢，那又该如何穿高跟鞋呢？

二、潜在需求

在追求美丽的同时，人们也会同时追求一种自然健康的产品性格，有没有那种既大方和脚、漂亮时尚、婀娜多姿、又保护健康，舒适加按摩的两全其美的高跟鞋呢？这便是一种在高跟鞋上的潜在需求。

三、经　营

如果让成年女性舍弃风情万种的高跟鞋显然并不现实，而且穿上高度适当的高跟鞋（低于5厘米），就像在脚底垫起一个人造足弓，具有预防肌肉及关节损伤，减轻走路时的疲劳感的功效，还可令身体挺拔，增添体态美。商家应设计一款实用、新型、尤其是带金属弹簧鞋跟的高跟鞋。实用新型的高跟鞋由鞋体和鞋跟组成，鞋体内后跟部位有金属板，并与原鞋内钢板相连接，鞋跟由弹簧和上、下垫板组成，弹簧的形状为上大下小，并分别与上、下垫板相连接，上垫板又与鞋体内后跟部位的金属板相连接。本实用新型的高跟鞋，形状美观，制作工艺简单，穿着舒适，是一种既新潮又能起保健作用的新型高跟鞋。

(二) 体育市场经营环境相关分析

【训练目的】

1. 了解体育市场经营的内外部环境因素。
2. 进行体育经营的外部环境和内部条件的分析。

作品一 自然环境——"北冰南展"泳池变冰场

世游赛之后,时隔3个月,东方体育中心"海上王冠"体育馆经历"季节转换",再一次向市民敞开怀抱。2011年10月23日,500多位社区居民和"冰迷"代表成为"海上王冠"冰场的首批客人,并受邀坐上了体育馆贵宾席,身临其境地感受泳池变冰场的魅力,欣赏了国家花样滑冰队和上海小冰迷表演的"冰上芭蕾"。

再次敞开大门的"海上王冠",经过两个月的场地筹备、5天的浇注,昔日一池碧波的泳池已变身一片晶莹的冰场,静待冰上健儿来展示魅力与激情。一条红毯铺上冰面,"走了孙杨,来了杨扬"。为我国实现冬奥会金牌"零的突破"的短道速滑奥运冠军杨扬踏上红毯,接受了上海市体育局局长李毓毅颁发的"2012国际滑联短道速滑世界锦标赛形象大使"的聘书。"新上海人"杨扬一直致力于"北冰南展"的体育事业,希望在南方城市培育冰迷,扩大冰上赛事的影响。杨扬表示她将切实履行形象大使职责,积极配合上海赛事组委会宣传冬季冰上项目,为在上海及南方城市普及和发展冰上运动作贡献。

坐在贵宾席的市民代表们目不暇接。一部《泳池变冰场》的专题片已让大家看得啧啧称奇,很快,大屏上又上演了充满魅力与激情的中国杯世界花样滑冰大奖赛宣传片。现场,国家花样滑冰队队员翩翩起舞,尽展冰上雅姿。11月4日,"海上王冠"将迎来世游赛之后的首个国际大赛——中国杯世界花样滑冰大奖赛。国家花样滑冰队队员专门准备了由他们签名的中国杯世界花样滑冰大奖赛门票,赠送给市民代表,邀请上海市民前来观赛。届时,更多的上海市民将有幸观看世界级的"冰上芭蕾"。

国家体育总局冬季运动管理中心副主任任洪国出席活动并致辞,上海市体育局副局长陈一平主持互动活动,上海市体育局副巡视员严家栋出席活动。据悉,上海将充分利用"北冰南展"给上海体育事业的发展带来的机遇,结合一系列冰上赛事筹办的每一个重要时间节点,开展市民群众喜闻乐见、广泛参与、与冰上运动相关的群体活动，吸引更多上海市民关注冰上赛事，走进冰场，亲身体验冰上项目的独特魅力。

作品二　我国知名运动用品品牌李宁公司的外部环境和内部条件的分析

一、李宁公司经营的外部环境分析

（一）体制环境

体制是指政府为了实现特定的管理目标而制定的各种行为规范和秩序的总称，是制度的重要组成部分。体育制度、体制是体育发展的必要保障。我国现有体制环境还存在着一系列问题，例如假球、黑哨等，这些问题都是因为制度存在问题。而我国目前的管理体制正从集中型向结合型方向过渡，多元的体育管理体制，可以给体育市场增加更多的活力。

（二）政策环境

国家对体育用品产业的经济政策也可以间接地造成体育用品市场容量扩大。在我国体育用品生产业比较密集的省份福建、浙江、广东，当地政府都出台了相关的政策、法规来扶持这些中小企业。例如，浙江省出台了《浙江省中小企业专项扶持资金使用管理暂行办法》；广东省在这方面做得更加细致，从对中小企业加大公共财政支持到相关的银行资金借贷方面的照顾，再到对中小企业放宽市场准入的门槛，可谓是面面俱到。政策、法规为我国体育用品产业发展起到了保驾护航的作用，同时，刺激了体育用品产业的进入者，加大了产业市场的容量。在这里法规、政策只能算作对体育用品产业市场容量扩大起作用的间接因素。李宁公司最初就是广东三水区的企业，李宁公司的壮大更好地体现了广东省对中小企业的扶持作用。

（三）市场环境

李宁公司面向专业体育用品市场，体育扩展销售的渠道，"耐克式"市场策略。李宁公司在市场定位差异化方面依然走的是专业运动品牌路线，从2003年下半年开始，李宁公司将自己品牌推广的轴心由中低端转向高端专业体育用品市场。运动服饰企业的市场推广策略一般沿袭的是耐克模式,主要是通过赞助体育赛事、体育代表队以及用体育明星代言进行品牌推广,李宁公司即是如此。运动服饰企业的销售,主要依赖于建立广阔的特许经销商网络。

(四) 法律环境

1986年,国家体委颁布了《关于体育体制改革的决定》,拉开了体育改革的序幕。1993年,国家体委又颁布了《国家体委关于深化体育改革的意见》和6个配套文件。1995年8月29日,全国人大常委会审议通过了《中华人民共和国体育法》。2010年1月,国家体育总局副局长肖天就曾表示,国务院就要正式出台促进体育产业发展的政策性文件,这在国家层面上也是第一次出台有关体育产业的政策性文件,它充分说明当前国家对体育产业发展的高度重视。正是由于以上一系列相关体育政策的出台,让李宁这个国产体育品牌有了更好的发展空间。

(五) 闲暇时间

现代社会的人们越来越把注意力集中到个人健康上,而不是一味地拼命工作,因此,体育运动成为人们生活中不可或缺的一部分。由此可见,体育市场存在着巨大潜力。那么作为国内知名运动品牌的李宁,其产品涉及运动服装、运动鞋、运动器材三大类,5000多种,满足了不同人的需求。

(六) 体育消费因素

一个国家体育消费结构和体育消费水平,是由一个国家的经济发展水平决定的。我国经济发展速度之迅速,带动了整个体育产业的发展。我国体育市场,需求大、投资少,前景广阔,李宁企业的产品又涉及了服装、鞋、器材这三大类,并且不断改进技术,为企业的发展创造了更好的外部环境。

(七) 社会因素

随着2008年北京奥运会的成功举办,政府加大了对体育的投资建设,居民也更主动地参与到了体育活动中。一系列体育设施的建造、体育场馆的火爆,反映出人们从不愿意花钱运动到把花钱去运动作为生活中不可缺少的一部分这种体育观念的变化。这些体育价值观、思想观念的变化对李宁等一批体育企业的发展产生了很大的影响。

(八) 心理因素

心理因素包括社会心理、个人心理、群体心理、商业心理、消费心理。人们在消费体育产品时，会考虑到企业的知名度、产品的价格及产品样式等多方面因素。因此，重视打开企业知名度、提高产品质量水平等，都是让消费者购买自己产品的重要因素。李宁企业在专业足球鞋和专业篮球鞋的研发过程中，采集了国家队、青年队等多个运动队的足球、篮球运动员的多项数据，仔细对比了国内外运动员脚型和运动习惯上的区别，并投入大量资金和人员对运动损伤、人体工程等多个领域进行研究，生产出"更适合中国人脚型"的专业运动鞋。

二、李宁公司经营的内部条件

(一) 经营管理者以及生产者、服务者的素质

李宁公司的创始人李宁是我国知名体操运动员，他的梦想就是创立一个中国知名品牌。李宁公司为了提升员工素质，成立了"学习与发展中心（Learning/Development Center, 简称 LDC）"，通过组织上的保障，把"在企业内部快速培养人才"这项工作提到公司的重要位置，来为实现企业战略做保障。

(二) 产品质量和社会信誉、服务水平

在同类产品中，"李宁"在中国的品牌知名度、美誉度和市场占有率位居第一。李宁公司建立了亚洲一流的产品设计开发中心，引进了国际先进的开发管理机制，并聘请了国内外一流的设计技术人才，大力加强了产品设计开发力量，以逐步提高产品的科技含量和整体品质。

(三) 经营过程中的自主权，即内部活力

企业自主权使企业成为自主经营、自负盈亏、自我发展、自我约束的法人和市场竞争的主体，并承担国有资产保值增值的责任。例如，李宁公司总经理张志勇，自2004年就任以来，李宁公司保持了每年30%左右的增长幅度，这个幅度超过了瑞士信贷对中国体育用品市场整体23%增长幅度的预测。张志勇总结出一套管理目标和发展策略，他所推行的改革体现了李宁公司享有极高的经营自主权。

（四）产品的研发能力

李宁公司在佛山建立了亚洲一流的产品设计开发中心，引进了国际先进的开发管理机制，并聘请了国内外一流的设计师以及专业的开发管理人才，加强市场调研和设计开发力量，保证了公司产品的技术更新，形成了开拓国际市场的能力。

作品三　中体倍力俱乐部经营的外部环境和内部条件的分析

一、中体倍力俱乐部经营的外部环境分析

1. 体制环境。我国的国民经济体制是市场经济体制，这决定了体育市场发展必须按市场机制进行运作。中体倍力俱乐部在这种市场经济体制环境下可以更有活力地发展。

2. 政策环境。我国经济政策的合理性、灵活性，使中体倍力俱乐部同其他企业一样在体育经营中享受在价格、财税、金融等方面的优惠政策。这使中体倍力俱乐部有一个稳定的政策环境，保持可持续发展。

3. 市场环境。我国的体育开始走向市场，良性的市场环境有利于企业经营，按市场机制运作，塑造体育经营者良好的行为习惯和行为模式。中体倍力俱乐部在这样一个良性的市场环境中经营，按市场规律办事，保证体育市场体系的建立，保证了企业在市场中立于不败之地。

4. 法律环境。中体倍力俱乐部在经营过程中有法律保证，依法经营，经营行为有法律依据，受法律法规的约束。

5. 闲暇时间。闲暇时间是劳动者进行体育活动最重要的条件之一，人们闲暇时间的增加为体育市场的发展创造了有利的外部环境，这是俱乐部经营发展的重要保证。

6. 体育消费因素。体育消费是人们利用体育物质产品、劳务产品来满足物质和精神需要的一种特殊消费。我国的体育健身潜在的消费市场很大。需求大，投资少，见效快，创汇高是我国体育消费市场的特点。中体倍力俱乐部着力于体育健身，这方面的体育市场有很好的经营外部环境。

7. 社会因素。体育社会化，社会办体育，使人们对体育的认识，思想观念，体育道德，体育价值观等发生变化，对体育市场发展有很大影响，为中体倍力俱

乐部的发展提供了良好的外部环境。

8. 心理因素。群体或个人的消费心理直接关系到体育市场消费的发展水平。随着生活水平的提高，人们对健康的需求也有所提高，这种消费心理的变化，为俱乐部的经营创造了良好的外部环境。

二、中体倍力俱乐部经营的内部条件分析

1. 中体倍力俱乐部经营管理者以及生产者、服务者的素质良好，凭借着良好的服务质量和优质的经营管理措施，在健身行业取得了一席之地。

2. 经营过程中，人、财、物的关系和责、权、利的关系的协调。

3. 中体倍力俱乐部有较好的服务质量和良好的社会信誉，在健身行业中处于有利地位。

4. 经营过程中有自主权，具有内部活力。

5. 中体倍力俱乐部引进先进的健身器械和优秀的健身教练，吸引了更多的顾客。

作品四　耐克锐步争雄

如果你是一名认真的长跑者，那么在20世纪60年代或70年代初，你只有一种合适的鞋可供选择：阿迪达斯（adidas）。在上世纪70年代耐克出现以前，阿迪达斯一直统治着世界运动鞋市场，并曾占有美国70%的市场。20世纪70年代，蓬勃兴起的健康运动使阿迪达斯公司感到吃惊。一瞬间成百万以前不好运动的人们对体育锻炼产生了兴趣。成长最快的健康运动细分市场是慢跑。据估计，到1980年有2500万~3000万美国人加入了慢跑运动，还有1000万人是为了休闲而穿跑鞋。尽管如此，为了保护其在竞争市场中的统治地位，阿迪达斯并没有大规模地进入慢跑市场。20世纪70年代出现了一大批竞争者，如美洲狮（puma）、布鲁克斯（brmks）、新布兰斯（newballance）和虎牌（tiger）。但有一家公司比其余的公司更富有进取性和创新性，那就是耐克（nike）。1979年是耐克的黄金时期。公司资料显示，耐克当年推出第一双气垫运动鞋"Tailwind"，并开始从事运动服装的制造和销售业务，使其年销售收入达到美国运动用品市场的近一半，在运动鞋市场更是遥遥领先。1980年，耐克发行200万股股票并在纽约交易所公开上市，当年销售收入达到2.69亿美元。而阿迪达斯到1990年时市场

份额已经下滑到2%。

但是，耐克运动鞋强调功能性，主要顾客对象是男性。1984年，美国"慢跑热"退潮，女性有氧运动兴起，锐步创始人兼CEO保罗·费尔曼抓住这一机遇，使锐步在1985年实现销售收入3亿多美元，其中60%来自有氧运动鞋和健身鞋。锐步成为健身和时尚运动品牌的代表，并于当年完成上市。1986年，锐步在美国的销售额超过了耐克。

耐克在1986年12月宣布裁员10%，解雇了约500名员工，David Chang、Bob Woodell、Rob Strasser等创业团队成员也在此时纷纷辞职。虽然耐克当年的毛利率仍保持在38%左右，但净利率仅为5%。1987年，耐克的销售收入从10.7亿美元减少到8.77亿美元，同比下降了21%，净利润也下降了38.98%，而锐步的销售收入同比增长了23%，占美国运动鞋市场的份额达到耐克的两倍。

耐克在1987至1988年间进行了一系列调整：建立了矩阵式组织架构；任命了新的管理层；产品设计的重心从"什么是最先进的运动鞋技术"转向"如何设计能吸引顾客购买的鞋"。值得注意的是，为了扩大销售市场和产品范围，耐克1988年收购了高端的时装鞋公司ColeHaan，进入休闲鞋领域。而从1988年开始，美国有氧运动鞋市场开始饱和，锐步的优势产品增长乏力，也被迫进行战略调整。1990年耐克的销售收入与锐步持平，净利润已经超过了锐步。

【案例思考题】
1. 耐克为什么可以快速崛起？
2. 1986年，锐步的销售为什么会超过耐克？
3. 耐克针对锐步的竞争作出了哪些改变？

（三）体育市场经营观念的相关分析

【训练目的】
1. 了解科学的经营观念对企业发展的意义和重要性。
2. 对经营观念进行具体剖析。

作品一　北京国安足球俱乐部的经营观念

一、以体育主体市场为主，多种经营的观念

北京国安足球俱乐部将赛事市场定在工人体育场，旁边开设国安专卖店，

推销国安队队服、比赛用球以及中超其他球队的队服和欧洲五大联赛知名球队的队服。

二、为体育消费者提供优质体育服务的观念

对前来观看比赛的球迷，北京国安足球俱乐部给予优质的体育服务——为球迷奉献一场精彩的比赛。只有比赛打得好看了，成绩好了，才能够吸引更多的消费者前来消费，从而体育企业才能得到最大的利益。

三、竞技体育市场和群体市场并重的观念

平时没有比赛时，北京国安足球俱乐部将自己的主场工人体育场对外开放，按小时收取费用，有效地利用场地。偶尔也会举办一些中型的赛事，收回护理草坪等费用的成本。

四、树立体育科技服务第一的观念

促使消费者数量增加的一种途径是打出好的比赛，而队员能力的高低是决定比赛是否好看的一个因素。科技服务可以有效地避免队员因为训练而受伤，同时保证队员的竞技状态和能力，从而打好每场比赛。

作品二 耐克和阿迪的经营观念剖析

耐克公司一直将激励全世界的每一位运动员并为其献上最好的产品视为光荣的任务。耐克的语言就是运动的语言。三十年过去了，公司始终致力于为每一个人创造展现自我的机会。耐克深知：只有运用先进的技术才能生产出最好的产品。所以一直以来，耐克公司投入了大量的人力、物力用于新产品的开发和研制。耐克公司树立起体育科技服务第一的观念，为体育消费者提供优质体育服务的观念，以体育主体市场为主，多种经营的观念。耐克首创的气垫技术给体育界带来了一场革命，运用这项技术制造出的运动鞋可以很好地保护运动员的身体，尤其是脚踝与膝关节，防止其在剧烈运动时扭伤，减少对膝关节的冲击与磨损。他们还坚守竞技体育市场和群体市场并重的观念，采用气垫技术的运动鞋一经推

出就大受欢迎，普通消费者和专业运动员都爱不释手。

阿迪达斯的鞋类市场营销主管埃里克·利特克指出："阿迪达斯的设计师在设计运动鞋时，并不清楚潜在的买家是谁。不熟悉顾客，这就是阿迪达斯的症结所在：它一直在制造好鞋，但却不合消费者的口味。"例如，阿迪达斯在去年推出了独创的ClimaCool通风系统，这种新科技让整个运动鞋产业界非常折服，但是销售额却平平淡淡，究其原因，是因为色彩和款式太单调了。利特克说："阿迪达斯以优质耐用的品牌享誉于世，但是却不够迷人。"公司特意请来的顾问曾问过一些孩子："如果有人穿阿迪达斯参加派对，他们会在哪些地方出没？"孩子们回答说，穿着阿迪达斯鞋的男孩会混在男孩堆里一起谈论女孩，但是穿耐克鞋的男孩子却都和女孩子在一起。

第二章 体育市场分析

一、知识训练

（一）基础知识训练

1. 填空题

（1）体育市场必须具备的四大要素有_____、_____、体育购买力和_____。

（2）一个家庭每个月的税后收入是5000元，维持基本生活所必需的费用为1600元，其中用于食物的支出是600元，每个月的总支出为3000元，那么这个家庭的可任意支配的收入是_____元，这个家庭的恩格尔系数为_____。

（3）奥林匹克伙伴计划以_____年为一个周期，到2004年已经进行了_____期。

（4）按照体育赞助中金字塔分级，原来的中国大学生篮球联赛（CUBA）是属于_____。

（5）假设你是一个企业的决策者，你想利用体育赞助作为企业的营销方式，那么你可以选择赞助的运动平台有_____、_____、_____。

2. 判断题

（1）体育市场属于消费品市场。（   ）

（2）有些消费者对某一品牌的运动服装情有独钟，经常去购买，这种购买动机被称为偏爱动机。（   ）

（3）最早对现代奥运会进行赞助的是日本的富士公司。（   ）

（4）电脑型体育彩票属于传统型体育彩票。（   ）

3. 选择题

(1) 最早发行体育彩票的国家是（   ）。
A. 英国   B. 意大利   C. 西班牙   D. 法国

(2) 从下列哪个年份开始，我国在全国范围内统一发行体育彩票。（   ）
A. 2001   B. 1992   C. 1994   D. 1989

(3) TOP 计划即"奥林匹克伙伴计划"的赞助周期为（   ）。
A. 1 年   B. 2 年   C. 3 年   D. 4 年

(4) 有关马斯洛的需求层次论说法正确的是（   ）。（多选）
A. 人类的需求分为五个层次
B. 越是低层次的需要越是不可缺少的
C. 从低到高层的需要是不断实现的
D. 可以越级实现不同的需求

(5) 体育彩票与赌博存在以下区别（   ）。（多选）
A. 社会功能不同   B. 是否能使个人致富不同
C. 思想引导方向不同   D. 个人经济承受能力不同

4. 名词解释

(1) 体育市场
(2) 购买欲望
(3) 体育赞助
(4) 体育彩票
(5) 职业体育俱乐部

5. 简答题

(1) 简要说明体育服务产品的特点。
(2) 简述体育服务产品价值量的特点。
(3) 简述群众体育市场经营的要素。
(4) 简述运动训练效益投资的主要指标。
(5) 简述家庭体育消费的特点。

（二）案例分析训练

案例分析一　Sports Authority 让顾客享受最好的购物体验

"The Sports Authority"（有些地方也称为"Sports Authority"）是美国最大的体育用品零售商之一。公司总部位于美国科罗拉多州的恩格尔伍德市，经营着分布在美国 45 个州的 460 多家店铺。The Sports Authority 一直坚持优质低价产品，致力于在商店和网络中为顾客提供尽可能好的购物体验。他们懂得好的购物体验对销售和满意度有着直接的影响。

一、Sports Authority 的历史

作为提供各种著名品牌运动产品的零售商，"The Sports Authority"长期处于体育用品零售行业的领先地位，其悠久历史可以追溯到大约一个世纪以前。

The Sports Authority 于 1987 年 11 月在佛罗里达州 Lauderdale Lakes 市开设了第一家店铺。1990 年，The Sports Authority 被凯马特（Kmart，美国一家零售公司）收购，当时它在 6 个州已经有大约 9 家店铺了。5 年后，The Sports Authority 已扩大到 26 个州 136 家店，并从母公司 Kmart 中脱离出来。

2003 年 8 月，Sports Authority 公司同当时已经拥有 Oshman's 和 Sportmart 两个品牌的加特体育公司（Gart Sports）进行对等合并。与加特体育公司合并之后的 Sports Authority 在美国 22 个州有 205 家店铺，成为美国最大、系列最全的体育用品零售商。合并之后采用"The Sports Authority"作为公司的名称。新的公司位于科罗拉多州恩格尔伍德市，也就是加特体育的起源地。

数十年来加特体育这个名字在美国就相当于顶级体育用品零售商的代名词。加特的历史开始于 1928 年，当时丹佛邮报的承运商南森·加特用 50 美元的钓鱼竿作为样本成立了这家公司。

1971 年，加特体育公司第一家超级卖场（Superstore）和 Sportscastle 店铺在科罗拉多州丹佛市的第十大道和百老汇的拐角处开业。上世纪 80 年代是这个公司最为令人激动的一个时期，这期间公司通过一连串的并购迅速成长壮大，包括 1987 年兼并 Hagan's Sports 公司和盐湖城的 Stevens Brown 公司。

1992年秋，Leonard Green & Partners（一家私募公司）投资入股，并成为公司最大的股东。

二、网络零售

Sports Authority 与 GSI Commerce 公司合作并签订电子商务协议，将公司的网络零售网站（Sportsauthority.com）由 GSI 商业公司运营。这些电子商务网站独立于 Sports Authority 的公司单独运营，能提供比实体店更多的选择。www.SportsAuthority.com 在 2010 年的 Internet Retailer Top 500 Guide（互联网零售商500强指南）中排名第 205 位。The Sports Authority 始终致力于在商店和网络中为顾客提供尽可能最好的购物体验。他们明白更好的购物体验对销售和满意度有着直接的影响。

2010 年 7 月 Sports Authority 选中 Allurent on Demand（AOD）进行合作，以便将互动购物体验加入其核心电子商务网站（www.SportsAuthority.com）和其他相关品牌网站之中。AOD 是一种托管式软件即服务产品，它可以透过网络迅速地向零售商现有网站（包括 Facebook 等社会化网络）部署互动商品小部件来提升客户满意度和网站转化率。

Sports Authority 电子商务副总裁 Clay Cowan 表示，我们明白公司网站对在线和离线销售都很重要，而且客户在我们网站上的体验直接影响到我们的成功。有了 AOD，我们就能极大地改进网络购物体验，公司也可以在所有网站上灵活掌握与高速商品循环同步的能力。

【分析与探讨】

(1) Sports Authority 的案例表明，应如何提高顾客满意度？
(2) Sports Authority 的合并之路对我国中小型体育用品企业有哪些启发？
(3) 怎样在零售网站中为顾客提供最好的购物体验？

案例分析二　体育器材行业的四大营销方向

最近几年，国内出现了很多有关营销模式的论述，各种各样、五花八门，有些人认为营销模式变成了一种文字炒作，其实并不尽然。

当我们研究这些模式的时候会发现：首先，这些模式是没有错的，是分别适用于不同行业的；第二，这些模式或是对未来营销的探索，或是对过去营销的总结,都是建立在现实的基础之上的,并无错误而言。通过对体育器材行业的研究,对部分企业的经验总结,可归纳出几种常见的营销模式。

第一种模式:服务营销

所谓服务营销是以服务为导向,从产品设计、生产、广告宣传、售后服务等各个方面关注客户的需求。售后服务不再是成本消耗,产品经过每一个部门都将被赋予新的增值。在服务营销观念的引领下,企业关心的不仅是产品是否能成功售出,更注重的是用户享受企业通过有形或无形的产品所提供服务的全过程感受。因此企业将更积极主动地关注售后维修保养、收集顾客对产品的意见和建议并及时反馈给产品设计开发部门,以便不断推出能满足甚至超出顾客预期的新产品。同时在可能的情况下对已售出的产品进行改进或升级服务。

现状分析:这种营销模式在体育器材行业运用的比较普遍,很多参加大型场馆建设投标的企业,一般都要为场馆建设方提供施工设计、安装、维护保养等服务。在销售产品后,厂商与场馆建设方之间的关系并没有终结,而是成为一个新的开始。这些厂商很清楚,如果服务得好,场馆方可能会给他们带来更多的客户。在台球器材行业、健身器材行业,这种模式已较成熟,主要是帮助购买者提供包括装修设计、人员培训、开业策划等一系列的全程服务。

第二种模式:顾问式营销

顾问式营销是指销售人员以专业销售技巧进行产品介绍的同时,运用分析能力、综合能力、实践能力、创造能力、说服能力完成客户的要求,并预见客户的未来需求,提出积极建议的销售方法。传统销售理论认为,顾客是上帝,好商品就是性能好、价格低,服务是为了更好地卖出产品;而顾问式销售认为,顾客是朋友,是与销售者存在共同利益的群体,好商品是顾客真正需要的产品,服务本身就是商品,服务是为了与顾客进行沟通。企业应培养一支懂技术、擅营销、晓管理的执行队伍,为广大经销商提供管理支持、营销支持和技术支持,为客户解决销售过程中遇到的各类问题;同时利用企业的知识和经验,为终端用户等客户提供各类指导,成为客户的管理顾问。

现状分析:顾问式营销在直销领域运用得比较充分,体育行业最近几年也普遍采用。前些年的业务员带着产品目录就可以进行销售,只了解产品性能和价格。现在的业务人员除了了解产品,还要了解客户购买后可能出现的各种状况及解决办法,能够帮助客户出谋划策,指导客户进行使用及保养。应该说顾问式营销也是体育行业发展到一定阶段的产物,是市场竞争发展的必然结果。

第三种模式：赞助营销

赞助营销主要指企业借助赞助、冠名等手段，通过所赞助的体育活动来推广自己的品牌。从国际经验来看，商家一般通过赞助、冠名、体育节目广告投放、体育明星代言、场馆赞助等方式进行体育营销。这种将企业营销与体育赛事结合的方法集受众广泛、运动理念突出和具有公益价值等特点于一体，能快速提升品牌、树立形象和改善与客户的关系，最终扩大产品销量，为企业创造效益。从历年国际奥委会"合作伙伴关系"企业的发展来看，这些企业从开发奥林匹克运动无形资产上获得的回报无疑是极其丰厚的。

现状分析：体育营销被很多行业所看好，但是最初只有本行业的企业采用体育营销的方式，那时的体育器材厂家主要是签约运动员和赞助比赛，发展到今天，越来越多的行业都在试图通过体育营销推广自己的品牌。实践证明，这种营销模式让很多企业取得了成功。例如，三星通过奥运赞助在国际市场上摆脱了中低档品牌的形象，一系列的体育赞助活动使其企业形象、产品和技术得到世界公认。

第四种模式：体验营销

体验营销是指企业通过让目标顾客观摩、聆听、尝试、试用等方式，使其亲身体验企业提供的产品或服务，让顾客实际感知产品或服务的品质或性能，从而促使顾客认知、喜好并购买的一种营销方式。这种方式以满足消费者的体验需求为目标，以服务产品为平台，以有形产品为载体，生产、经营高质量产品，拉近企业和消费者之间的距离。

现状分析：实际上体验营销的方式在体育器材行业是被普遍采用的，只是很少有人讨论这种模式。由于体育器材一般都属于耐用消费品或专业产品，用户在购买过程中会综合考虑各种因素，其决策过程相对复杂。因此厂家为了让用户放心地购买产品，就会允许及鼓励用户试用产品。比如顾客要购买跑步机，那么厂商就会让顾客亲自上机体验。尽管很多厂商都在通过体验的方式销售产品，但是仍然存在很大的差距，有的厂商做的比较专业，有的则相对较差。

要建立一个开放式的国际性的品牌，一个能够为客户创造更多价值的品牌，企业就要通过为客户提供尽善尽美的服务，担当合作伙伴的营销顾问，借助体育营销，加强体验营销，最终创造最为顶级的品牌。

营销模式是多种多样的，这四种营销模式也不一定适合所有企业，但是对很多企业还是有一定的适用性，希望能给广大体育器材企业以及要打造品牌的企业提供参考。

【分析与探讨】
(1) 我国企业售后服务存在哪些问题？
(2) 如何加强售后服务？
(3) 企业赞助赛事效果不佳的原因是什么？

案例分析三　亚运营销落幕，安踏独占鳌头

在2010年广州亚运会上，各大鞋企纷纷使出了自己的杀手锏，都想成为亚运会最大的赢家。现在亚运会已近尾声，各大鞋企中究竟谁才是亚运会最大的赢家呢？安踏作为领奖装备的提供者，无疑让人觉得它与冠军靠得更近一些。

安踏副总裁张涛说："领奖装备的核心是什么？我认为它象征着永不止步的体育精神，同时是中国荣耀的最佳载体，而这些，都还需要代言人，需要其他能够代表中国的资源支持，这样整个安踏赞助权益的内涵才较为饱满。"

其实早在亚运会开幕前，安踏就已获得了一份意外收获。安踏代言人、2008年北京奥运会四人双桨金牌获得者金紫薇，依靠自己优秀的成绩及良好的外形被选定为广州亚运会开幕式当晚引领中国军团的旗手。而凭借着与中国奥委会的合作，中国队参加广州亚运会的领奖装备毫无疑问落在安踏身上。此外安踏更将2009—2012年完整奥运周期内的中国体育代表团领奖装备赞助的整体打包权益纳入怀中，这预示着在各大国际赛事中，只要中国运动员获得奖牌，安踏的领奖装备就将与他们见证国旗的升起。

体育营销的精华在于，可以将运动员的拼搏精神和个性成功地嫁接到产品品牌上，乔丹与耐克的结合就是一个不可超越的经典。但是对于更多的体育用品品牌而言，在体育赛场上的曝光频率也是体育营销必须追求的效果。

"当安踏与身着安踏领奖服的中国健儿一同曝光在电视荧幕、报刊杂志、网络新闻、手机彩信中时，毫无疑问，安踏得到了数以亿计的曝光，这是常规广告所替代不了的。"张涛强调，据悉在这届广州亚运会上，身着安踏领奖服的镜头成为曝光率最高的品牌之一。

为此，安踏跟中国奥委会、中国体育的联系变得更加紧密，除了广州亚运会，安踏还要为温哥华冬奥会、伦敦奥运会等十余项大型赛事的中国军团提供领奖装备。按协议规定，除了训练和比赛外，运动员出席其他所有场合都需要穿着代表团的官方服装，而这些服装上都印着醒目的安踏标识。

"领奖装备是安踏权益的核心,除了领奖台上的曝光外,安踏希望通过尽可能多的途径、影响尽可能多的人群。"张涛告诉记者,安踏把领奖装备资源充分拓展到了门店,与终端消费者直接接触。全国 7000 多家门店都已经更换成了亚运主题,有些店铺的整个橱窗位都用来展示领奖装备,再配合店内店外的主题广告,消费者可以直接感受到安踏想要诠释的概念。

在张涛看来,中国奥委会是"无与伦比"的营销资源——体育用品的品牌和行业地位通常与它所获取的体育营销资源成正比。亚运会、奥运会中的中国队表现是最能触动和征服其目标用户的,因而也最利于安踏目前的发展。

"如果我们没能拿到这些权益,大家对我们的认可很可能不会达到现在这个高度。"据悉,安踏一直占据着国内体育用品上市公司市值冠军的宝座,超过了李宁、中国动向。

【分析与探讨】

(1) 安踏在亚运体育营销过程中领先其他鞋企的原因是什么?

(2) 怎样理解"体育用品的品牌和行业地位通常与它所获取的体育营销资源成正比"这一说法?

(3) 结合安踏成功的例子,谈谈体育品牌市场营销需要注重些什么?

案例分析四 可口可乐奥运营销的历程

可口可乐从 1928 年在阿姆斯特丹奥运会上崭露头角,到赞助 2004 年雅典奥运会,且在 2005 年与国际奥委会签订合同将其 TOP 赞助商计划延至 2020 年。可口可乐投下重金与奥运会合作,使其亚特兰大乡村的黑色饮料走上世界舞台,使其品牌价值一直保持世界前列,并数次打败其竞争对手百事可乐,市场占有率一直遥遥领先。在 1996 年美国亚特兰大奥运会上,可口可乐公司除了赞助火炬接力、赞助国际可口可乐奥运品展览外,还建立亚特兰大可口可乐奥运城、广播中心、纪念章交换中心等以开展相应的营销活动。1996 年可口可乐赞助亚特兰大奥运会的赞助费是 4000 万美元,而为此付出的其他营销费用则高达 4.5 亿美元。实践证明,可口可乐为此进行的后续的投入和营销开发并没有白费。资料显示,1996 年亚特兰大奥运会期间,作为全球赞助商的可口可乐公司当年在第三季度赢利增加了 21%,达到 9.67 亿美元,而同期其竞争对手百事可乐的利润下降了 77%。从 1992 年到 2004 年雅典奥运会火炬接力活动结束,可口可乐公司透过其全球系统共选拔出一万多名火炬手和约八千名圣火卫士。据可口可乐方面的粗略统计,曾经参与由可口可乐赞助的圣火传递城市庆典的群众达数以百万。通过投入人力、财力、软饮料和组织有创意的消费者活动,可口可乐使火炬接力活动深入了千百个社区,给人们留下了美好的记忆和难忘的体验。正是定位以普通大众为目标的活动营造了一次绝佳的和消费者直接联系和沟通的良好时机,也极大地加强了其"奥运顶级赞助商"的领导地位。

【案例思考题】
1. 可口可乐为什么不惜重金争得奥运TOP赞助商位置?
2. 可口可乐圣火卫士计划的推出,需建立在哪些营销调研基础之上?
3. 可口可乐的奥运营销管理,存在哪些潜在的风险和机会?

二、技能训练

(一) 体育市场性质、构成及作用的分析训练

【训练目的】
1. 了解体育市场基本性质及其构成。
2. 分析体育市场的作用。

作品一　中国足球超级联赛竞赛市场分析

中国足球协会超级联赛是由中国足球协会组织的,中国最优秀的职业足球俱乐部参加的,全国最高水平的足球职业联赛,仿照英格兰足球超级联赛,简称为中超联赛。该联赛开始于2004年,前身为原中国足球甲级A组联赛。自中超联赛建立以来,中国足球在曲折中前进,中超市场在其中发挥了巨大的作用。下面将对中超市场的作用做简要分析。

一、丰富了中国人民的消费渠道,提高了中国人民的消费水平

1989年以前,中国足球尚未职业化,中国足球联赛市场处于一个十分封闭的时期。直到1989年甲A联赛成立,中国足球的市场才得以拓宽。10年间平均电视观众每年15亿,中央电视台收视率1.78%,地方电视台收视率7.3%,

平均每年现场观众2620万人次。2004年，中超联赛成立，中国足球职业化进入了一个新的阶段。与此同时，中国的经济在21世纪也进入了一个突飞猛进的发展阶段，人民生活水平不断提高，但人民的文化需要却仍然得不到满足。中超联赛作为中国最受关注的体育赛事之一，自然而然地承担起了丰富中国人民文化生活的责任。越来越多的球迷愿意掏钱购买自己喜爱的球队的球票、季票，不少球迷也热衷于购买中超球队的球衣。在这一点上，比起经济上的效益，中超联赛市场给予中国球迷更多的是一种精神上的满足，使消费者"不仅有钱花，还要有地方花"。

二、促进中国足球俱乐部的发展

目前，中超联赛拥有16支球队。通过中超联赛，中国各支足球俱乐部的队员能与国内最高水平的足球队比赛，满足了他们最基础的需求；能在国内接受高水平的训练，保持良好的状态。中超联赛的响亮招牌吸引着大量的球迷关注联赛和俱乐部，使各支俱乐部誉满国内，有些球队的知名度甚至已达到洲际级别。中国拥有世界上最多的人口，市场潜力无穷。2002年，上海中远俱乐部引进了巴拉圭射手奎瓦斯，正是凭借着他在那个赛季中的出色发挥，上海中远从此成为中国足球顶级联赛中的一支劲旅。中超联赛不仅给俱乐部提供了展示自己企业文化的舞台，也满足了俱乐部追求荣誉、打响名号的愿望。2009赛季，北京国安队夺得了俱乐部历史上第一次顶级联赛冠军，由此，俱乐部在近几年发展稳定，成为联赛冠军的有力争夺者。此外还值得一提的是山东鲁能和广州恒大。前者受益于中超联赛的稳定，建立了鲁能足球学校，青训系统冠绝全国，为山东鲁能队、中超联赛和国家队源源不断地输送着一批又一批出色的足球运动员；而广州恒大则利用了联赛高度的市场化，加大投资力度，依靠"金元政策"吸引着大量的优秀运动员，一跃成为了夺冠大热门，俱乐部发展前景一片大好。

三、推动中国足球事业的发展

作为中国最顶级的足球联赛，中国足球超级联赛对中国足球事业的发展起着至关重要的作用。首先，中超联赛始终是国家队选拔队员的根据地。在2011年亚洲杯中国国家队23人大名单中，有21人来自中超联赛。由于中国足球的特殊

性,国家队教练往往对中超球员更加熟悉,这使得中超联赛的好坏成为了国家队战绩的决定因素。其次就是之前提到过的青训。近几年,中国足球发展遭遇瓶颈,各类问题层出不穷,比如父母不愿意让孩子以足球为职业,认为"踢足球没出息",致使青少年踢球人数骤减。但由于中超赛事的火爆,中国的青少年对足球仍保持着极大的热情。这既要归功于足球运动的巨大魅力,也不能忽略中超联赛对青少年的吸引力,使他们继续关注足球、热爱足球。最近几个赛季,中超联赛又涌现出一批优秀的年轻球员,如山东鲁能队核心邓卓翔、上海申花队快马冯仁亮、辽宁宏远队新星于汉超等,他们都肩负着今后10年复兴中国足球的重任。此外还有张稀哲、王彤等"90后"小将也逐渐成为各自俱乐部不可或缺的一员。第三,中超联赛也促进了少数民族足球事业的发展。少数民族同胞拥有更为出色的身体素质,十分适合参与到竞技体育中来。本赛季,买提江、巴力以及朴成等少数民族球星的崛起标志着少数民族足球运动员将迎来一个崭新的时代。中超联赛还时刻吸引着广大球迷支持中国足球,为中国足球度过艰难时期贡献着力量,就像2011年中超联赛的主题曲中唱的那样:"再遥远都会注视着你,你的每一次跌倒和爬起。我的心疼,我的惋惜。无论怎样都要拥有尊严,什么结果都不会怪你。荣耀与辉煌不只是胜利,逆风展翅,腾空崛起!"

中超联赛由于高度市场化,俱乐部可以引进高水平的外援。由此产生一个问题:各支俱乐部在中后卫和中锋两个关键位置上往往都会引进强力外援,忽略了对于国内球员的培养与使用,造成各级国家队在中后卫和中锋位置上的巨大短板,这与英格兰足球相似。由于英超联赛的多支强队都习惯于使用外国球员,导致了"联赛水平高,国家队战绩差"的后果。中超联赛对中国足球的发展有着导向作用,因此这就成为一个值得关注的问题。

四、促进中外足球交流,吸引投资者

中外足球交流大致可分为两类,竞赛性交流和商业性交流。中外足球的竞赛性交流主要体现在每年一度的亚洲冠军联赛上。由于中超球队在2006年之前在亚冠联赛中的出色表现,中超俱乐部一直保留着4个亚冠参赛名额,这给了国内最出色的俱乐部一个与亚洲各国最强的俱乐部竞争、学习的机会。客观地说,中国足球的水平在世界范围内处于比较落后的位置,洲际级别的比赛就成为了中国足球保持竞争力的重要赛事和中超球队检验实力的试金石。

另外，中国的足球市场的潜在优势在亚冠联赛中尽显无疑。根据亚足联提供的数据，中超球队参加亚冠联赛时，主场平均上座率超过1.9万人，在所有参赛国和地区中是最高的。韩国球队虽然过去两年连续亚冠捧杯，但场均上座率不到3000人。巨大的市场潜力吸引了大量国外资金注入，对中国足球的发展十分有利。

相比于竞赛性交流，中外足球商业性交流的"作秀"成分比较多。从2004年夏天的"皇马中国行"，到曼联、巴塞罗那相继访华，再到去年夏天的意大利超级杯，其本质都是国外俱乐部来华宣传、淘金。但不可否认的是，这样的商业性比赛能吸引眼球，在宣传国外俱乐部的同时，其实也是对中超联赛的一种宣传，以吸引更多的投资。中信国安集团、恒大集团、实德集团等都依靠着中超这一巨大载体宣传了自己，从而为自身谋得了发展。

五、带动周边产业发展

中超联赛在自身发展的同时，也带动着周边行业的发展，复杂的经济连锁效应显著。首先便是体育用品：球衣、球鞋、足球等等，中超联赛使得联赛的拥趸们乐于购买一系列的足球用品。其次是传媒行业的发展。中超联赛的职业化和市场化吸引了大量媒体争相报道，中国的足球新闻也始终是各大体育媒体的立足之本。还有很多行业，例如餐饮业、足球场租赁业、足球培训业等等。球迷朋友们的首选是到现场去看球，足球场周边的交通干线在比赛前会承受巨大的压力，也使得有关部门不得不完善交通设施，无形之中也是一种促进。如果很遗憾不能亲临现场观看比赛，与朋友在酒吧或球迷餐厅一起，一边开怀畅饮一边为自己心爱的球队加油，是一件多么激动人心的事情，足球专题酒吧和饭店也成为了中超联赛的一大次生行业。而足球场租赁和足球培训则满足了足球爱好者的绿茵之梦，也响应了全民健身的号召。

至今，中国足球超级联赛已逾7年，中国足球却仍然任重而道远。中超联赛仍将发挥巨大的作用，即使十分艰难地像一名纤夫，拉着中国足球这艘笨重的大船前进，也要坚持下去。中超联赛的运作对于中国球迷来说是一个梦想的摇篮，是他们梦寐以求的那一天到来的必要前提。中国足球超级联赛的作用还远不止如此，我们需要细心发现它的成功之处，耐心等待它改善不足之处。中国足球的成功不是指日可待的，需要我们戒骄戒躁，慢慢努力。

作品二　体育文化市场的作用

自我国改革开放，实行市场经济之后，随着人民群众物质和精神文化需求的日益高涨，体育文化市场应运而生，且不断渗入到广大人民群众的生活中。

作为一篇分析体育市场的作用，尤其是体育文化市场作用的文章，首先，我们要清楚什么是体育文化？它对于广大人民群众有何意义？

体育文化，就大方面而言，是伴随体育运动本身而形成的一切物质文明和精神文明的总称；就小方面来说，是体育运动某一方面的文明因素。从中我们可以得知，对于广大人民群众而言，买票看一场体育项目的比赛，参加任何一项体育运动而产生的消费，实际上都是一种体育文化消费。

有了对体育文化的需求，慢慢产生了体育市场来满足日益增长的需求。那么，什么又是体育市场呢？简而言之，体育市场从含义上分成三个层面：

1. 狭义的体育市场

狭义的市场是指商品交换和买卖的场所，如集市、商店、超市等，这是一个空间概念。根据市场的这一含义，体育市场是指直接买卖体育服务这种特殊消费品的场所，也就是体育场馆、健身娱乐场所、网球场、保龄球馆和项目培训点等地方，消费者通过门票、入场券的购买以及支付培训费用等方式，直接购买各种体育商品。这一含义的市场虽内容较为具体，但所涉及的范围较窄，因而称为狭义的市场。

2. 广义的体育市场

广义的市场是指商品交换活动以及商品交换关系的总和。商品的生产者、经营者和消费者为了满足自己与相互的需要，出售自己的商品或从别人手中购买自己所需的商品，在这种交换过程中实现商品的价值，这就是市场。在市场上反映出生产者、经营者、中间人和消费者之间的经济利益关系。因此，广义的体育市场就是指全社会体育服务产品交换活动及交换关系的总和。培育与健全体育市场，就要研究体育产品交换关系、交换活动的性质和行为，向市场提供更多的符合需要的产品，改善体育市场的结构，使更多的体育商品进入市场。

3. 市场学意义的体育市场

指为了满足体育方面的需求而购买或准备购买体育产品与服务的消费者群体。

通过这三方面的概括，我们可以看出，作为一个成熟的体育市场是要多种多样的，不能是单一的。

因此，在市场的分类上，有如下两种分类方式：

1. 按体育产品构成的体育市场

体育健身娱乐市场、体育竞赛表演市场、体育培训市场、体育中介市场。

2. 按市场集中程度构成的体育市场

完全竞争市场、垄断竞争市场、完全垄断市场。

不同种类的体育市场营造了繁荣的体育经济。从总体而言，体育文化市场如其他领域的文化市场一样，发展迅速，欣欣向荣。而体育文化市场与其他文化市场在性质和特点上却有着很多的不同点。

从性质上来说体育文化市场具有：

（1）体育市场是以体育服务为宗旨，体育经营为手段，体育活动为主要内容的专门市场。

（2）体育服务是一种非实物形式的消费品，因而以体育服务为交换对象的体育市场是消费资料市场中非实物形式消费品市场的一部分。

（3）体育市场是提供满足个人体育消费服务需要的市场，因而具有消费者市场的性质。

在特点方面，体育文化市场则具有：

（1）体育市场交换的对象是体育服务产品。

（2）体育市场服务产品的特点。

（3）体育市场生产者、经营者和消费者的协同性特点。

（4）体育市场的购买者、消费者的特点。

体育文化市场的作用主要体现在四个方面：

1. 为社会提供体育消费服务产品

现如今的体育文化市场，消费种类多种多样。从最简单的各种体育运动的器材，到观赏各种精彩的体育赛事，以及到学习从未接触的一些运动，都是对于体

育文化市场的消费。在商品的交换中都要提到供需关系，我国体育文化市场的不断发展，也正是因为我国国民对于体育文化的需求不断的上升。只有广大人民群众真正的热爱上了体育，才能积极的投身于体育文化的消费，才能有助于我国真正成为体育大国、乃至体育强国。以北京最为火热的赛事——中超北京国安比赛为例，北京国安的主场上座率一直位列中国足球所有级别的联赛中的前三位，平均每场都能达到3.5万人。今年一共发售了近两万张套票，再加上散票以及客场球迷，每场都能把工体可开放的区域坐的满满当当的。从比赛的票务到看比赛时配备的相关服务，都是一笔不小的消费。

2. 对社会的文明进步起着促进作用

体育文化作为文化范畴中的一种，为大众文化事业发展也贡献出了一份力量。人民群众在接触新鲜的体育文化的同时，对其他的文化的渴求度和要求度也逐渐上升。体育文化市场不断的发展、成熟、壮大、再发展，推动了整个社会文明的前进。如观众们在赛场中的文明观赛，不仅能保证比赛的质量，而且在国际比赛中，也能体现出良好的国民素质。文明观赛就是社会的文明进步的体现。

3. 发挥对体育资源配置的作用

现我国的体育发展不均衡，东部沿海地区和西部内陆地区的体育资源配置非常不合理，西部地区在体育设施等配套的基础设施建设上有着和东部地区短时难以磨平的差距。但是西部地区的人民对体育文化的强烈需求促使着在西部地区，尤其是西部贫困地区开展体育文化市场建设，建立成熟的体育文化市场。这又能开辟更大的体育文化需求，从而达到了地区体育设施建设，地域人民体育文化需求满足的双丰收。

4. 成为国民经济新的增长点

体育文化市场如今与人民之间的联系越来越密切，人民的各种对于体育的需求都要通过体育文化市场来得到满足。从运动器械、赛事的门票到体育项目的培训费用，都是一笔数额巨大的潜在利益。这种潜在利益，并不是遥不可期，而是需要通过体育文化市场的专业人士的培育，不断地把体育文化市场这块饼做大做厚，使内容种类越来越丰富，吸引更多的人参与，使利益达到最大化。这样，在文化上不仅满足了广大人民群众的需求，而且在经济上也能获得巨大的丰收，体育文化市场正在成为国民经济的新增长点。

体育文化市场需要一代又一代人的不断努力,我们不能鼠目寸光、急功近利,只有细心地培育这份市场,在发展、成熟、壮大、再发展的循环中,一而再再而三地进取,才能把这块目前在中国还不是很大的饼,做大、做厚,最终才能吃到最美味、最营养的果实。

(二) 体育服务意识的培养

【训练目的】
1. 了解体育服务产品的市场特点。
2. 结合某一事例说明培养体育服务意识在营销中的意义。

作品 体育服务意识

服务意识是指企业全体员工在与一切关系企业利益的人或企业的交往中所体现的为其提供热情、周到、主动的服务的欲望和意识,即自觉主动做好服务工作的一种观念和愿望,它发自服务人员的内心。而体育市场正在呼唤这种体育服务意识。

体育市场经营的重要观念之一就是为体育消费者提供优质体育服务的观念,体育消费者除具有年龄、性别等方面的差异外,在心理和体质上对体育都存在着不同的需求,因此在提供体育服务时,需要根据不同的对象,提供适合他们特点的优质服务。例如,对一个健身俱乐部来说,它的顾客是多元的,老幼妇孺和身强体壮的人都有,如果只有一套健身方案,肯定无法满足所有的顾客,俱乐部就必须根据不同的年龄、体质状况、兴趣爱好和个性特点,设计不同的健身培养方案,这样才能满足不同消费者各自的需求,拓展俱乐部的市场。

我们强调培养体育的服务意识,要根据消费者的需求提供优质细心的服务,但有时候也会忽略其他的因素。体育服务市场提供的产品不具有实物形态,产品的消费与生产同时进行,与生产不可分离。体育服务市场上提供的产品说简单点就是体育赛事,赛事组织者不仅要考虑到为观众提供优质的服务,也应该考虑到来自各国的参赛运动员及教练员和裁判员。

随着市场经济体制在我国的确立和不断完善,我国体育赛事也向市场化、社会化方向迈进,体育服务意识是影响赛事营销的一个重要且必不可少的因素。2008年奥运会被我们中国人办成一届无与伦比的奥运,这其中不就是我们志愿者以及所有工作人员包括普通百姓的贴心优质服务在加分吗。在赛事的服务我们还有很多提升的空间，例如中网的比赛秩序册上，在封面及封底广告宣传栏目中，只刊印了几个赞助单位和举办单位的宣传资料，有关赛事期间北京地区的旅游、交通、餐饮、娱乐等方面的情况一概没有介绍，虽然说北京已经是国际化的大都市，这些信息上网很容易查找，但是赛事组织方如果在印刷品上适当地介绍一下各种必要信息，这给运动员、教练员、裁判员或者观众都会留下一个很人性化的印象。

加强体育服务意识，可以让所有与体育服务产品相关的人员都感受到一种更人性化的服务，这也是我们中国社会讲求以人为本的基本要求，只有人文的关怀与服务才能换回消费者同等的反馈，与服务相对应的就是口碑，而好的口碑就是企业最巨大的财富。

(三) 分析体育市场需求

【训练目的】
1. 了解影响体育市场需求的因素。
2. 结合某一现象分析我国体育市场需求情况。

作品一　运动鞋的市场需求分析

一、运动鞋的定义

运动鞋从广义上理解，健身运动、休闲运动、娱乐运动和专业竞技运动及其正式比赛所使用的鞋种都是运动鞋；狭义的理解是专门为专业运动员设计和生产的、供专业运动员参加竞技体育训练和正式竞赛使用的鞋类。这种鞋不仅要有一般运动鞋的舒适、安全、美观等特性，更要注重如何避免运动伤害、增强运动功能、提高运动成绩。

二、运动鞋市场的分类和特点

运动鞋市场属于易耗品市场。这类商品造价较低，使用年限较短，容易损坏报废，价值转移和资金周转快。

运动鞋市场和所有体育用品市场一样呈现出五大特点：

1. 系列化。从生产某一专项运动鞋开始，创出品牌后，再向其他的体育项目扩展。例如耐克最早只有篮球鞋，后来才生产足球、网球、跑步等鞋类。

2. 休闲化。运动鞋生产商不仅仅生产专业运动的商品，更多的生产休闲化的大众商品，专业运动鞋也日益美化，加入休闲元素。

3. 对象多元化。运动鞋市场一向以年龄在20~40岁的年轻人为消费对象，但近年来，人们科学健身的意识不断加强，人们对运动鞋的需求不断扩大，适合青少年、儿童的运动鞋纷纷推出。

4. 科技化。运动鞋不仅要考虑到它的外形美观，还要考虑到耐磨、轻便、缓震、透气等因素。要使之完善地结合，就要不断采用新材料，融进各种先进技术。

5. 明星效应化。当今社会，体育明星是青年崇拜的偶像，众多实力强大的体育用品企业抓住消费者这一心理特征，不惜重金赞助著名球队或签约体育明星作为自己的品牌代言人。

三、运动鞋消费分类及其消费者特点

运动鞋作为体育消费品，具有体育消费综合性、同时性、变动性、互补性这四大特点。所以运动鞋生产商往往会使产品与时俱进，加入流行元素，生产多种类型和项目的运动鞋以获得最大市场。

消费者行为具有多样性、复杂性和可诱导性，所以运动鞋生产商、销售商会运用各种手段诱导消费者购买商品。企业考虑消费者自身因素，包括生理因素，如消费者性别、年龄、健康状况和生理特点；心理因素，如意识，感觉，知觉，情绪，情感，意志等；行为因素，即消费者已经发生或正在发生的外在行为影响其后续行为，还会考虑地区的环境因素来选择市场，制定各种营销策略、产品策略、价格策略、渠道策略、促销策略等，来满足消费者的不同需求。

四、运动鞋消费品市场的基本特征

1. 市场大，消费者数量多，需求多样化。每个人的喜好是不同的，购买习惯也不尽相同，所以经营者应研究不同的鞋种和销售渠道及终端。

2. 一般以个人和家庭，机关和团体为单位进行消费。

3. 伸缩性大，经营者应考虑到不同消费者的兴趣、动机、意识和支付能力。

4. 大多数体育消费者对体育消费品或服务缺乏一定的专门知识，所以经营者应讲究销售技巧、产品外观和舒适度及应用的广泛性。

5. 受社会体育环境和经济发展水平影响大。所以经营者应考虑到地区的差异，生产适合的运动鞋，在不同地区制定不同的适合当地经济发展水平的价位。

6. 随着市场经济的发展，竞争会愈发激烈，运动鞋市场要不断扩大和细分化。

五、我国运动鞋市场需求现状

随着全民运动时代的来临，市场上对于运动鞋的需求更大。我国对于运动鞋的需求不仅是运动员，还有青少年和老年人。据专业调查显示，我国体育人口的年龄分布为：16~25岁的体育人口数量，占该年龄段人口总数的33.4%；26~35岁的体育人口数量，占该年龄段人口总数的14.4%；36~45岁的体育人口数量，占该年龄段人口总数的12.8%；46~55岁的体育人口数量，占该年龄段人口总数的15.3%；56~65岁的体育人口数量，占该年龄段人口总数的21.7%；65岁以上的体育人口数量，占该年龄段人口总数的22.2%。我国体育人口年龄结构的这种两头高、中间低现象，被称为"马鞍形"分布。这部分消费群体将是运动鞋市场的主力军。不过消费者的购买力不同，消费心理、消费偏好不同，人口数量分布不均等等这些问题也是对我国运动鞋企业提出的新一轮的挑战！

六、影响运动鞋市场需求的因素

1. 人口因素

（1）总人口数。总人口数是指一个国家或地区的人口。一般来说，人口越多，市场需求量越大，所以我国有庞大的运动鞋市场潜力。不过我国的体育人口比例较其他发达国家不算高。

（2）年龄分布。年龄分布是指不同年龄阶段的人对体育产品的需求和兴趣不同。如年轻人更喜欢专业的、休闲类的鞋种，而中老年人则会选择跑步鞋、训练鞋。在我国儿童、妇女的体育市场潜力非常巨大，企业在产品研发和营销中要特别关注。

（3）性别。目前运动鞋产品以男性为主，应多开发女性热衷的运动的产品。

（4）受教育程度。受教育程度高者，在文化用品上花钱较多，所以运动鞋消费集中在教育水平高的地区，尤其是高端的运动品牌。

（5）地理分布。我国东部沿海地区人口密集，西部地区人口稀少，2亿多人在城市，10亿多人在农村，这是形成运动鞋市场需求的客观条件。中高档运动鞋市场多集中在一、二线城市，而低档运动鞋市场多集中在二、三线城市和农村。

(6) 家庭规模。不同的家庭规模在体育消费观念上有很大的差异。一般而言，家庭规模越小，体育消费越多。

2. 购买力

购买力的影响因素有：
(1) 国民生产总值；
(2) 国民收入和人均国民收入；
(3) 个人消费基金；
(4) 个人收入；
(5) 个人可处理支配收入；
(6) 个人可任意支配收入；
(7) 收入的平均程度；
(8) 恩格尔法则。

一个国家的国民生产总值越高，国力越强盛，人民的购买力也越强。一个人的收入越高，购买力也越强。随着我国经济的迅速发展，我国人民的购买力越来越强，运动鞋市场也越来越大。但是我国经济发展不平衡，收入平均程度低，贫富差距大，各地消费水平不同，所以消费者对于运动鞋的购买力的差异也较大。受到各地消费者的购买力因素的制约，我国运动鞋消费市场区隔是明显的，大致可以分为三类市场：一个是富裕层市场，位于金字塔的顶端，对应的人群为一线城市如北京、上海、广州的高收入阶层，对应的品牌如Nike、Adidas、Reebok等国际大牌；还有一个是中间层市场，也就是金字塔的中部，对应的是广大的城镇人口，中低收入水平者，对应的品牌则是包括李宁、安踏、双星在内的众多国产运动鞋；金字塔的底端则是超过8亿人口的庞大的农村市场，这里是国内杂牌及仿冒品的地盘。

3. 购买欲望

购买欲望是人们的购买需要，是一种缺乏的感觉与求得满足的愿望，是产生消费的原动力，同时也是研究消费者行为的出发点。美国心理学家马斯洛把人类的需求分为五个层次，由低到高分别是生理需求，安全需求，社会需求，自尊需求，自我实现需求。人们对商品的需求正是由低级向高级发展，随着市场经济的发展，人们对运动鞋的需求只会越来越大。

4. 社会环境

政府和社会对体育的重视程度,宣传和鼓励从事体育运动的力度,会直接影响人们对体育的需求。奥运会的成功举办,中国网球公开赛,F1上海站等赛事的连年举办,网球选手李娜成绩上的突飞猛进等等这一系列体育上的突破,使专业体育深入人心,人们愈加关注体育,了解体育,重视体育。随着全民健身计划的实施,我国对体育的愈加重视,人们对专业类运动鞋的需求也有所增加,对休闲类运动鞋也比以往需求更大。

5. 体育观念

人们的体育观念对体育的需求有很大的影响。如果认为体育能强身健体,抵御疾病,丰富业余文化生活,人们的体育需求自然就会增加,反之则会减少。我国运动鞋市场多在东部沿海地区的大城市,其原因就是大城市的经济水平和信息传播水平高,人们的体育观念较强,体育需求大,对运动鞋的需求也就增加。

七、国内运动鞋的市场竞争和基本趋势

国内运动鞋市场竞争激烈,呈现出国际与国内运动鞋品牌竞争白热化的状态。国际品牌Nike、Adidas、Puma等凭借其高端设计技术、良好的品牌推广战略、统一的高端价格体系占据运动鞋市场的高端,各大品牌属于协同竞争的阶段,共同维护国外品牌高端形象。这类品牌主要在一线城市的占有率高。国内品牌李宁处于中高端市场,在技术上不断缩短与国际品牌的距离,在企业营销策划上也频频出现大手笔。鸿星尔克、双星、安踏、特步、爱乐、361°等跟随型品牌或赞助赛事,或在央视体育频道打广告维持着国内中低档市场的领地。其余各区域品牌则瞄准乡镇农村市场,以低廉的价格和一般的质量取胜。

当前,很多知名企业积极打入二三线城市。在经济危机的今天,扩大内需成为经济发展的重要的推动力。较低的收入、不同的消费品位加之国际品牌较慢的渗透,使得国内品牌在接触二线城市消费者方面获得领先优势。国内零售商通常售价较低,更了解中国消费者的喜好,并在二线及三线城市拥有更完善的分销网络。李宁品牌在2009年新开设的750家店面以及安踏的530家新店主要都集中在二三线城市。而且,随着收入增加、物流改善及居民消费水平的提高,国际品牌也正积极打入二三线城市。

第二章　体育市场分析

随着我国运动鞋的消费潜力的不断升级，本地运动鞋企业的营销宣传开始加快步伐，争取市场的一席之地。国内体育品牌开始赞助国际赛事。而过去由李宁等国内品牌赞助的国内赛事，国际品牌也纷纷加入进来，开始在国内赛事中寻求品牌的延伸和落地的最佳契合点，给本土运动鞋企业带来更大的竞争。

尽管如此，本土运动鞋与国外运动鞋还是存在一定的差距，主要表现在：标准缺失，国内运动鞋只有普通运动鞋，专业运动鞋还处于起步阶段；产能小，产品单一，中国大小运动鞋生产商有上万家，但是生产线却无法与外国相提并论；设计与技术存在问题，设计能力与科技含金量有待提高；国内运动鞋与国外运动鞋主要性能指标也存在一定差距；在营销策略上，国内企业营销宣传不敢下重金，而国外的广告费占企业销售额的3%~5%，有的甚至是8%。

经济水平的提高，居民收入和生活的改善，会导致居民消费结构的变化。运动鞋消费作为较高层次的发展消费和享受消费，将会随着居民收入的提高而不断增长。青少年儿童的体质关系到全民族的身体素质，老年人对保持健康愈加关注，他们将是运动鞋市场需求的主体。

作品二　运动饮料市场需求分析

运动饮料的研制约起始于20世纪20年代，直到1965年美国肾脏和电解质研制中心的罗伯特·凯特博士专门为佛罗里达大学橄榄球队研制运动饮料，运动饮料才引起人们的重视，被称为"Gatorade"饮料。后来，世界各国都相继开展了运动饮料的研制和应用。20世纪80年代，国际上将这类饮料正式称为运动饮料，成为继碳酸饮料、可乐和沙士、发酵乳饮料、果汁饮料后的第五代饮料。运动饮料的主要成分是糖和电解质，旨在校正体液容量，调节体内电解质和酸碱平衡，及时补充能量，改善体温调节和调节体内代谢过程等。简而言之，运动饮料就是指营养素的成分和含量能适应运动员及体育锻炼、体力劳动人群的生理特点等特殊营养需求的软饮料。

经过多年发展，我国饮料行业日趋成熟，碳酸类、果蔬汁类、瓶装水类、牛奶酸奶类、即饮茶类，特殊用途饮料即功能饮料这六种饮料构成饮料市场的基本格局。在经历了冰茶时代之后，运动饮料逐渐成为人们追求的时尚，得到越来越多人的青睐。许多大型企业将目光转到运动饮料的身上，纷纷向运动饮料这个市场进军。运动饮料在美国、日本、中国的增长速度尤为突出。虽然我国体育人口和发达国家相比还有很大差距，但是人口数量多为运动饮料创造了很大销量，而

且随着人民生活水平的提高，以及体育与健康知识的普及，我国运动的绝对人口和相对人口都在急速增长，所以运动饮料已经成为一种需求。佳得乐作为美国老牌饮料，在美国运动饮料行业中占了高达85%的份额，显然是世界运动饮料的领军品牌。

运动饮料初次大范围闯入人们的视野中首先要追溯到2003年的非典时期，运动型饮料的功能为它自己打响了第一炮，2004年脉动创下了7亿元的高业绩，位列运动型饮料市场份额的第一名。2008年，在奥运会的强烈刺激下，运动饮料成了当年市场热点，厂商并不刻意强调运动饮料的专业性，而鼓励消费者日常饮用，以此寻求更广泛的消费群。"运动饮料只适合运动员"的观念逐渐被纠正，这种健康观念的强化以及全民健身活动的普及有力地促进了运动饮料市场的扩大。目前中国运动饮料市场尚未完全定型。应该在品种口味上增加选择，在包装上更具时尚感，采取休闲和健康定位、适当调低强化的电解质等一系列措施，使其更加适应人民的喜好。流汗环境下的营养的补充，消费者休闲定位及消费者把注意力从所熟悉的多种维生素和膳食纤维转移到健康和营养方面，这些都可促进运动饮料领跑在新世纪初最前面。

但是制约运动饮料发展的因素还大量存在，比如说价格。调查数据表明，在上海的运动场所，人们运动过后所购买的饮料，矿泉水仍旧排在第一位，而第二位是盐汽水，第三位是碳酸饮料，排在第四位的才是脉动等运动饮料。由此可见，运动饮料的销售量与市场份额受价格因素的影响不容忽视，由于购买运动饮料的人群主要集中在30岁以下，16岁以上的男性，故价格比较低的饮料反而更受青睐。

那么在运动饮料日益受欢迎的今天，如何能使运动饮料更加贴合人们的需求从而创造更大的收益呢？

首先我们要认识品类多元化这一特点，目前各大饮料企业一致面临着品类经营布局优化调整的当务之急。以茶饮料为例，为什么在统一之后，娃哈哈等众多二线品牌仍然可以在主流大潮中获得收益，健力宝在这一主流时隔两年之后仍然可以乐观后进，靠的就是迈向全品类经营布局的重大决策。总之，饮料企业的品类经营布局，是关系其"在未来遭遇价格战和新主流消退之后能否继续前行"的重大发展主题，直接影响核心板块重新定位和品牌价值、主营业收入持续增长，也包含着机遇扩张和危机化解双重战略意图。

其次我们要注意品牌体系和观念的建设。脉动最初迈入市场并没有因为其名门效应而博得更多收益，反而是运动饮料对运动后营养的补充等营养观念逐渐深入人心，才带动了运动饮料的发展。这表明饮料市场品牌价值含量正在逐步降低，而企业创建新品牌、建立内部多元化品牌体系，完善品牌功能，加强品牌观念意识，才符合饮料发展的趋势。而且作为一个女生，我深知女生爱美的心理，为了保持身材，很多女生会选择含糖量较低甚至无糖的饮品，所以运动饮料占有很大优势。运动过后不但可以补充水分和营养，还不用担心发胖的问题，可谓是一举两得。

产品技术的革新升级是每一个行业都必须重视的问题。产品的品质和成本成正比，就算口感再好，功能性再强，过高的价格同样不会使其长久立于饮料行业中的不败之地。在品牌影响力趋近的形势下，口感品质自然成为影响市场份额重心偏移的核心，因此企业最终竞争的是生产加工技术的优势。运动饮料贵在功能性这一优势，但是其口感却让大多数人不接受，而且较高的价格影响了人们购买的愿望，而这些都与技术的研发创新是分不开的。很多饮品含有色素添加剂等，在健康意识日益增强的今天，如何能使添加剂达到无色无味，是一项重大的研究课题，此类达到小分子水平的尖端技术在未来功能饮料研发中将发挥重要的作用。

在《饮料通则》的草案中，运动饮料是一项被单独列出来的类型，可见作为后起之秀的运动饮料会是将来规范的重点领域。我国的运动饮料市场容量很大，发展前景相当可观。由于运动饮料是近两三年才发展起来的饮料品种，老的标准对于更多新型运动饮料产品的出现没有充分预见，门槛偏低，很多条款已经不能适应实际情况。目前根据修订后的新国标，只能是多方面且立即补充体力、能量的才能被称为运动饮料，而这也势必会起到提高运动饮料门槛的作用。《运动饮料》新修订的国家标准从2009年12月1日起正式实施，新标准修订了运动饮料的定义，删除了钙、镁等指标的规定。新的《运动饮料国家标准》的实施将在一定程度上加快行业发展的步伐，也将加快行业整合的速度，有利于行业健康、有序的发展。同时，新国家标准的实施将为运动型饮料今后的发展提供政策上的支持。消费上认识的不足、运动饮料定义模糊、市场的无序混乱，使前几年该饮料市场发展很不均衡，很多商家不愿过多进入这块市场。新修订的标准会减少这些不利的因素，这将极大地鼓舞饮料企业大力进军这块市场的决心。

目前饮料市场的消费人群结构存在"两端弱、中间强"的特点，即"儿童和中老年人群"的消费比重远远低于青少年人群。由于运动饮料有着很明确的特殊用途，所以产品的对象群和目标相对明确，可是恰恰是这一点也成为了运动饮料扩大发展的制约因素。如果运动饮料可以扩大适应群体，开发更多新品种，这对

于抢占市场将是一个很好的武器。

在许多发达国家，如美国，运动饮料已经成为许多家庭的常备饮料之一。但是在我国，运动饮料的竞争并没有那么激烈。从市场细分来看，运动饮料是功能性饮料的一种，因此在功能性饮料并不十分丰富的现在，运动饮料将会在很长一段时间内成为功能性饮料的主要产品。就目前我国市场发展的趋势来看，运动饮料的发展空间将是巨大的。

（四）体育消费品市场及其体育消费者行为

【训练目的】
1. 了解体育消费及其分类。
2. 体育消费者行为分析。

作品一 体育消费行为的分析

时代在发展，社会在进步，人民的生活水平越来越高。随着对生活品质，对健康生活方式的追求，人们对体育的消费需求越来越大。但人们的心理活动和行为倾向不同，从而形成了体育消费行为的多样性。以下从体育消费行为的概念、特点、影响因素、类型几个方面对体育消费行为进行分析。

体育消费行为顾名思义，它是人们为了满足一定的心理或是生理需求，受一定条件和某些消费观的影响，从选择、购买、使用到评价体育用品或服务的过程。根据教材《体育市场营销学》的解释：体育消费行为是动态的，随着时间的推移它在不断地发展和变化；它包含了感知、认知、行为以及环境因素的互动作用，即企业在了解消费者的时候，除了了解他们想什么，感觉怎么样，要做什么外，还必须了解三者之间相互影响的情况和环境。如卖护肤品的一些商家，通过免费试用以及用后与消费者之间的沟通来了解消费者。另外，消费行为包含了人类之间的交易。

体育消费行为有它的特点，首先是体育消费行为的多样性和复杂性。由于消费者的多样性，他们在需求、偏好以及选择产品的方法上各不相同，因而造成消费行为的多样性和差异性。农民有农民的消费特点，学生有学生的消费特点，职员有他们的消费特点，不同的消费者有着不同的消费行为，即使同一消费者，在不同时期、不同环境下，对产品的选择也有很大的差异。例如，大学生在中学时的体育消费行为与在大学的体育消费行为就有很大的差异。其次，消费行为具有可诱导性。或许消费者并没有意识到自己的需要,只是由于一些商家的广告宣传、促销手段等刺激,使得消费者产生了购买的欲望。就如我们去逛体育商店,开始并没打算买什么东西,但是看到厂家的打折、促销等活动,受到刺激和诱导,产生了购买欲望。

  影响消费者行为的因素是多方面的。首先是消费者自身的经济条件。要想满足提高生活品质的体育需求,就要有一定的经济基础,不具备一定的经济条件,即使人们渴望拥有一些体育用品或服务,那也是很难实现的。经济欠发达地区以及社会阶层较低的人们对高档体育消费品需求少,是由于较低的经济收入影响着他们购买体育产品和服务的行为。像高尔夫这样的高档体育消费品,经济收入高的人们消费需求比较多,而低收入的人群则选择像乒乓球这样的大众体育消费品。所以说,经济条件是影响消费行为的一个重要因素。另外,一个人的职业也影响其对体育产品和服务的需求,例如农民和工人的需求有很大不同,职员与学生的需求在许多方面也会有所不同。每个人的生活方式不同,对消费品的选择也会有所不同。例如,对品牌的选择和追求,不同生活方式的人会有不同的选择方式。由此可见,企业在进行营销的时候,要根据消费者的经济状况采取适当的步骤来设计产品、调整价位、确定目标市场,并采取相应的措施来维持或提高自己产品的销售量。其次是消费者生理和心理因素。不同的性别也会影响到体育消费行为,由于女性的体能一般不及男性,因此在选择体育消费品时有别于男性。不同年龄的消费者其消费行为也有差异,年轻人喜欢刺激,喜欢比较激烈的体育消费和服务,如足球、滑雪等;老年人则喜欢比较安静的体育消费或服务,如钓鱼、棋牌等。随着年龄的增长,消费者的消费行为会发生变化,健康状况也会影响体育消费行为,如高血压的人不能进行剧烈的体育运动,选择体育消费的方式也有所不同。在心理因素上,感觉会对体育消费行为产生很大的影响,消费者在看到某些体育用品或服务的广告宣传、价格、包装等信息时,会在感觉上接受它,并且觉得符合自己的需求;或者之前听到身边的人们对某个品牌的评价不错,在购买体育用品时,看到那个牌子的产品,会从心理上接受它。因此,市场营销人员要根据这些要素采取相应的营销策略,如加大广告宣传、不断提高和改善产品的质量和外观造型、包装等。性格和观念也影响着消费行为,有的人性格刚烈,比较热情外向,在选择体育消费时,更趋向于选择群体的比较激烈的体育消费品或服务,而比较保守内向的人则选择个人的安静的强度较小的体育用品和服务。再次,企业自身的发展及销售策略对消费行为也产生很大的影响。一个企业很好的销售、服务理念,会对消费者产生相应的影响;很好的营销策略,对体育消费行为会产生极其重要的影响。例如，赞助 F1 大赛车队的首家中国企业——泰康人寿，借助 F1 赛事，策划实施了"驶向泰康新生活"F1 整合营销活动，并通过 7 个月的实战为企业创建了一个运行有效、机制完善、协同作战、全方位体验式的 360 度整合营销平台。泰康人寿在国内没有先例可循、没有借助外援的情况下，利用中国企业第一家赞助 F1 大赛车队的良机，创造了国内 F1 体育营销经典案例。产品策略以及价格促销手段的实施也对消费行为产生很大的影响。价格的高低会直接影响人们的消费行为，价格太高，会造成消费者需求不多，产品滞销，企业销售减少，利润减少，如果不采取相应的措施则会影响企业的生存和发展；如果价格太低，尽管对于消费者来说是好事，但是由于利润微薄，同样会使企业难以生存和发展。因此企业合理的价格策略既对消费者行为产生影响，也对企业自身的发展有着重要的影响。好的产品策略的实施同样对消费者行为产生影响，有些俱乐部为了拥有更多的消费者去购买拥有广大的球迷群体的球星。例如，弗洛伦蒂诺当上皇马主席后，2003 年夏天以 3500 万欧元收购贝克汉姆，挖掘贝克汉姆对消费群体的超常影响力，使俱乐部的商业经营收入以及其他收入较上一年度上涨了 17%，仅经营收入一项就增加 2077 万欧元，在 2004—2005 赛季达到了 1.222 亿欧元，占总收入的 45%。可以说贝克汉姆的加盟刺激了相关消费群体的购买行为。促销手段也在很大程度上影响着消费者的消费行为，例如一些折扣店的出现，使得人们觉得很划算，从而产生购买欲望。最后，体育消费行为还受生活环境的影响。一个人生存的环境以及他身边的人群会直接或间接影响他的态度和行为，如家庭中受父母的教导以及价值观的影响，会呈现出相应的消费行为。在大学校园中，受同学们的影响，有些消费行为会顺应大部分群体的潮流，例如在体育服饰等方面。总之，体育消费行为受多方面因素的影响，体育市场营销者要根据多方面的影响因素来制定相应的合理的营销策略，以取得更好的效益。

　　由于受多种因素的影响，体育消费行为也有相应的类型划分，主要有以下几种类型。经济型购买，这种行为特别重视商品的价格，只要求实用和质量，不太注重产品的外形和包装。有的消费者在付诸购买行动时总是要再三考虑：是否值当，能带来多大效用，能用多久……在深思熟虑后才做决定，他们的消费行为属于理智型购买。有的消费者在购买体育消费品时，只习惯于选择自己熟知的、偏爱的某些品牌，一直穿一个牌子的衣服，不做太多的改变，这样的消费行为属于习惯型购买行为。有的消费者在进行购买时常跟随他人的意愿，别人买什么自己跟着买什么，没有自己的主见，这样的消费行为属于随众型购买。

作品二　影响体育消费者消费行为的因素

说到影响消费者消费行为的因素，我们要先了解一下何为消费行为。消费行为是指消费者为获得消费资料和劳务而从事的物色、选择、购买和使用等活动。简而言之，就是消费者因为消费而产生的活动。

体育消费者的消费行为又是怎样一个定义呢？我觉得体育消费者的消费行为可界定为：以购买体育产品与服务为中心的一切与消费有关的活动。那么是什么样的因素影响这样一个群体的消费行为呢？

影响消费者消费行为的因素可以分为两大类，即内部因素和外部因素。内部因素是指由于文化、社会、经济、家庭的不同而造成消费者的自身因素，而外部因素是指营销、产品、价格、渠道、促销所引起的环境因素和企业市场营销因素。显而易见，内部因素是不可控的，卖方不能强迫消费者来购买商品，根据个人意愿购买商品，这是每一个消费者应有的权利；而外部因素是可控的，商家对商品的宣传到位，价格公道，那么消费者自然愿意来选购你的商品，这便是外部因素可以给商家带来的好处。

下面让我们来分别讨论一下。

消费者自身因素，即性别、年龄、健康状况等生理特点和意识、感觉、知觉、情绪、情感、意志等心理特点，以及因不同的性格、爱好、文化水平、职业特点、经济状况等，所形成的不同消费倾向，都会直接影响体育消费者的消费行为。消费者的偏好与消费行为有很大的关系，很多人都非常喜欢买nike、adidas这些大品牌的商品，就是看不上"不走寻常路"——李宁，"非一般的感觉"——特步，"justno.1"——鸿星尔克这些国产的牌子，这就是一种消费偏好。再比如说，一个职业的篮球运动员，他所购买的体育用品当然大多数与篮球有关，这就是一个消费者的职业特点影响消费者行为的例子。

消费者在体育消费需求形成过程中表现出来的差异，反映了消费者对体育不同的价值取向，而消费者的价值取向除受到不同个体差异影响外，还受到社会文化背景的影响，从而影响到体育消费结构的选择。一个不太喜欢体育，不愿参与体育活动的人，就不会花钱或较少花钱在体育方面；而对于一个真正的体育爱好者，经常参加体育活动的人来说，他必须花钱去购买必要的运动装备，也会去观看体育比赛，去参加各种健身娱乐活动。

在经济方面，每一个消费者首先要满足基本的生活和工作的需求，然后才会去考虑其他各方面的消费支出。经济实力越雄厚，其消费承受力越强，在体育消费支出方面的承受力也相应增强。因此经济支付能力的大小决定着消费者体育消费行为的实现程度，从而影响了消费者进行体育消费的水平。

消费者自身的欲望是促成消费行为的主因。它既产生于消费者的内在需要，又来自外部环境的刺激。强烈的需要会成为决定某一时期的消费行为的支配力量。但是，某一需要还要取决于消费者个人的习惯、个性和家庭的收入总水平以及家庭规模与结构的特点，等等。这种消费者自身的因素是我们无法预估的。

环境因素是指消费者外部世界的所有物质和社会要素的总和，包括有形的，如球场，健身房等，还包括消费者的社会行为，如健身时消费者的心理活动等。环境因素还可以分微观和宏观，微观因素是指消费者直接接触到的具体的物质因素和社会因素，宏观因素是指具有普遍性的影响广泛的物质环境和社会环境。

环境因素直接影响一个体育项目的流行与否，广大群众对它的喜好程度。比如2002年姚明去NBA打球，带动了中国几亿球迷支持并关注火箭队，也给篮球用品带来了很大的消费空间。商家出售的火箭队球衣、战靴，有很多球迷购买，刺激了体育商品的消费。再说说"娜姐"，2011年6月4日她获得法国网球公开赛女单冠军，这是中国乃至亚洲在网球四大满贯赛事上夺得的第一个单打冠军，同时世界排名追至第4位，追平日本选手伊达公子创造的前亚洲女子网球最高排名。那一刻，全中国乃至全亚洲都振奋了，她让全世界看到了中国在网球上的进步，与此同时也激起了大家对网球的热忱，带动了网球商品的消费。

这就是社会环境因素对体育消费者消费行为的影响。一个体育项目越流行，普及率越高，相对的消费就会越多。喜欢打篮球，没有篮球怎么打？爱好乒乓球，没有球拍和球又怎么打的起来？泳衣、泳帽、棒球、网球、垒球、曲棍球，每一项的体育运动都需要必需的体育用品，所以喜好它们的人越多，就越能带动相关产品的消费。

还有最后一方面，就是企业市场营销因素。

企业因素主要包括：（1）企业产品更新换代情况和质量、性能、包装所具备的吸引力；（2）品牌商标在消费者中的信誉；（3）企业的广告和推销员的"劝说"所形成的"拉力"；（4）企业位置与服务态度；（5）商品价格及与它相联系的服务费用的高低，等。此外，形成消费者购买的重要条件还有：（1）消费者对某种消费对象的"认识"与"理解"；（2）购买该商品或劳务的"经验"

与"知识";（3）通过对各种商品的比较和"判断"所形成的"态度"；等等。

在第一点中，质量是一个硬性指标。绝大多数的消费者更多看重的是商品的质量好坏与否，谁都不想买一种只能远观的商品。质量越好，上门的顾客就会越多。一个品牌商品的质量有保证，就相当于打好了坚固的地基，在价格战中不会很容易被淘汰。某种商品能否打入市场，首先是由商品本身质量决定的。优质产品最大限度地满足了消费者的需求，在消费者思想上留下深刻美好的印象，厂商为开拓市场，打开销路，最基础的工作就是尽可能地提高产品质量。许多人喜欢买Nike等大品牌的服装，个人喜好占了一部分，还有一部分就是有可靠的质量保证。

商标信誉也是一个很大的影响因素。良好的商标信誉会给商标权人带来巨大的经济效益，在市场上具有强大的竞争力。商标信誉存在于人们观念之中，信誉好的商标，如驰名商标，是无形的资产。著名的可口可乐公司在1967年把"co-ca-cola"商标估值30亿美元，列于公司资产项下，说明商标信誉与商标价值紧密相联。信誉好意味着它有一个好的质量以及好的售后服务，这样自然可以吸引更多的消费者进行消费，体育行业也不例外。

（五）社会体育市场分析训练

【训练目的】
1. 了解社会体育市场的特点及经营的要素。
2. 结合社会体育某一市场，进行社会体育市场营销方式方法的训练。

作品一　健身俱乐部营销方式探讨

目前，健身行业在中国的发展前景越来越明朗，无论是政策环境，还是市场情况，都在向利好的方向发展，健身会所的经营骤然升温。确切地说，这只是近一两年以来发生的事。北京、上海、广州、深圳等引领生活时尚的城市，一夜之间涌现了大量的健身会所。然而一些投资者在缺乏市场研究及确实数据支持下盲目掷下大量金钱，在营销及管理方面采取粗放式的经营，以致俱乐部开业后入不敷出，造成亏损或倒闭。业内专家一致认为，健身市场的低迷并非是行业本身的缺陷，而是因为经营和管理的低水平。健身房的经营其实就是吸引会员并留住会员的过程，而影响这一过程的因素包括健身房选址是否准确，收费是否合理，环境是否舒适，设施是否齐全，经营项目是否具有诱惑力，健身指导是否专业，服

务是否周到。其中健身会所的营销和宣传手段也是一个比较重要的因素。目前，国内很多健身会所的经营者投资比较盲目，本身又没有健身行业市场的经验，当初在没有系统的市场研究及调查的情况下，使用拍脑袋的决策进行投资，导致自己的健身会所在投资规模、选址等方面先天不足，这样的情况只能应用一些营销方面的策略和手段来弥补。

健身会所的营销策略总的来说分为三个阶段：

一、营运初期

在会所的营运初期，会所刚开业，品牌还未建立，知名度不高，缺乏健身市场实际运作经验，管理工作的各环节处于磨合期。会所的经营目标是迅速销售会籍和发展会员，扩大会所的人气和品牌知名度。这时应该集中资源，利用一切可以利用的营销手段来达成阶段性的目标，包括使用硬性广告和新闻性文章通过媒体向目标消费群宣传会所的硬件和软件，突出会所的优势，同时通过举办各种公关活动，包括针对媒体、政府、公众进行的各种改善特定对象关系的公关活动，以扩大会所知名度，树立会所的美誉度。当然，营运初期还要使用高强度和高频率的促销活动来促使会员冲动购买，迅速增加新进会员的数量。在不断运用广告、公关、促销以及活动营销手段的同时，根据每一个个案进行针对性的市场调查评估，以了解在健身市场实际应用中各种不同营销手段所具有的优势和劣势，当然本阶段的利润率将会维持在一个比较低的水平，甚至亏损，这是由大量的广告宣传支出、活动预算支出以及较低的促销价格决定的，经营者对于这一点应该作好思想准备。这一阶段的时间要持续6~9个月。

二、营运中期

经过营运初期的努力，会所在当地已经具有一定的品牌知名度。通过对前期公关活动、广告宣传、促销效果的调查评估，会所对当地的健身市场的了解也已经形成了一个大致的轮廓，会所的管理工作已经逐步上了正轨。针对前期各种市场手段的调查评估结果，调整前期部分应用不当，效果不明显的营销手法，同时逐渐将价格稳定在一个相对平稳的水平。针对情况改良部分卡种的功能或推出新的卡种。这一阶段，为了巩固前期建立的品牌知名度和美誉度，仍然需要继续投入一定的广告及公关促销费用。但是，本阶段的营销重点应该以各种公关活动及促销为主要手段，适当降低广告宣传方面的投入，使之处于辅助地位。同时在促销活动的力度及频次上略微减少。销售策略的目标仍然以进一步增加销售量及会员人数为主。由于价格的相对提高，同时由于广告预算的缩减以及由市场运作经验带来的管理成本的降低，与上期相比，利润会得到大幅提高。

三、营运后期

在本阶段，会所的知名度及美誉度持续上升，卡种及价格比较稳定，已经形成了一个稳定的经营模式，会员已经达到一定的数量，但是在会籍销售上面临一个瓶颈，难以突破。同时由于会员数量已经达到一定规模，加上各种营销手段对于目标消费者的刺激作用越来越小，因此，需要整合内部资源，利用已有会员建立各种非正式会员团体，经常展开会员活动，丰富会员的文化交流平台，利用会员的口碑传播进行销售，同时也在活动的举办过程中赢取利润。当然，会员文化平台的建设在会所营运初期就应该开始进行，只不过在本阶段应该得到更多的关注。在市场推广方面进一步压缩广告和促销方面的开支，形成一个可预测的长期营销计划，其中包含各种节假日的促销以及店庆等常规营销方式，同时致力于举办一些年度性的、有影响的地区性赛事，通过这种方式树立自己的品牌，从而降低品牌维护的费用。然而在本阶段后期，会所经营趋于模式化，营销方式及手段的运用已经出现驾轻就熟的框架，虽然能保证稳定的经营，但是也阻碍了创新。同时会所的外部市场经营难以寻找到新的利润增长点。这时的市场策略应该转变重心，由主要关注外部转为主要关注内部，在保证正常经营持续进行的情况下，对内部管理流程、环节进行规范化，从降低经营成本方面来挖掘利润；将客户服务的各环节标准化，提供的服务丰富化，从已有会员身上深度挖掘消费潜力。同时根据市场变化，不断进行创新及调整，跟随市场的脚步，一直走在行业的最前面。

作品二　全民健身用品营销方式探讨

市场营销，从狭义上讲是指将商品和服务从生产者转移到消费者或用户所进行的企业活动，以满足客户的需要和实现企业的各种目标；从广义上看，是任何营利和非营利组织，为实现其组织的目标和宗旨，为适应环境的变化而进行的各种活动。

营销方式包括：服务营销、体验营销、知识营销、情感营销、教育营销、差异化营销、直销、网络营销，还有绿色营销。

　　服务营销是企业在充分认识满足消费者需求的过程中所采取的一系列活动；体验营销是指企业采用让目标顾客观摩、聆听、尝试、试用等方式，使其亲身体验企业提供的产品或服务，让顾客实际感知产品或服务的品质或性能，从而促使顾客认知、喜好并购买的一种营销方式。直销是指直销企业招募直销员，由直销员在固定营业场所之外直接向最终消费者推销产品的经销方式。网络营销是以国际互联网络为基础，利用数字化的信息和网络媒体的交互性来辅助营销目标实现的一种新型的市场营销方式。绿色营销是以满足消费者和经营者的共同利益为目的，以保护生态环境为宗旨的绿色市场营销模式。知识营销是通过有效的方法和途径，将企业所拥有的对用户有价值的知识（包括产品知识、专业研究成果、经营理念、管理思想以及优秀的企业文化等）传递给潜在用户，使之逐渐形成对企业品牌和产品的认知，将潜在用户最终转化为用户的过程和各种营销行为。情感营销是把消费者个人情感差异和需求作为企业品牌营销战略的情感营销核心，通过借助情感包装、情感促销、情感广告、情感口碑、情感设计等策略来实现企业的经营目标。教育营销是把新的消费理念、新的生活方式等观念与思想通过会议营销、人际传播营销、知识营销、体验营销、文化营销、体育营销等营销形式来教育与引导消费者和潜在消费者，他们接受新的消费理念与生活方式，改变原有的思维习惯、消费习俗、生活方式，提升生活档次，使营销水平更上一个新的层次。差异化营销，又叫差异性市场营销，是指面对已经细分的市场，企业选择两个或者两个以上的子市场作为市场目标，分别对每个子市场提供针对性的产品和服务以及相应的销售措施。

　　对于服务营销来说，消费者购买了产品仅仅意味着销售工作的开始而不是结束，企业关心的不仅是产品的成功售出，更注重的是消费者在享受企业通过产品所提供的服务的全过程中的感受。人最高的需求是尊重需求和自我实现需求，服务营销正是为消费者提供了这种需求，随着社会的进步，人民收入的提高，消费者需要的不仅仅是一个产品，更需要的是这种产品带来的特定或个性化的服务，从而有一种被尊重和自我价值实现的感觉，而这种感觉所带来的就是顾客的忠诚度。但是健身用品不是所有人都需要，也不是所有人都有这个消费能力，特别是现在到处都有健身区，因此服务营销对于全民健身用品的销售来讲，只能不让你丢失原有的顾客，对于营销起不了决定性的作用。

　　对于情感营销和教育营销，无论从其概念还是方式方法看，都不是很适合全民健身用品。健身用品已经不仅仅出现在高收入人群中,更不再是奢侈品消费项目中的一员,工薪阶层都可以承担。消费者在购买产品时更在意商品的质量及效果,就算不在乎价格,也没有那么多时间天天跟经销商打交道。

相较之下,体验营销、直销、网络营销和差异性营销更适合全民健身用品营销。先体验再购买,只要是有需求的消费者,就会为之所动;差异化营销,根据不同需要的人群,制定不同的营销策略;直销和网络营销,作为传统的两种营销方式必然有它的优势和长久不衰的奥秘。

作品三 "曲线美"健身俱乐部如何通过服务为顾客创造"蓝海"

从不同战略类型中开创蓝海的关键在于,突破旧有的观念,去了解哪些是决定客户从一个业务类别转换到另一个业务类别的主要因素。

我们来看看Curves的例子,它是一家总部在德克萨斯州的女子健身公司。从1995年开始实行连锁经营以来,Curves就像野火一样迅速蔓延,营业网点超过6000个,拥有会员200多万,总收入超过了10亿美元,平均每4个小时就有一所Curves健身中心新开张,而且客户群的快速扩张是通过亲朋好友的推荐实现的。然而一开始,Curves被认为进入了一个过度饱和的市场,它提供的服务是顾客不想要的,它的竞争力非常差。但事实上,Curves引发了美国健身市场需求的爆发,开启了一个全新的巨大市场,一个拥有大量想通过健身保持身材却总是失败的女性的蓝海市场。Curves充分发挥了美国健身行业中两个战略类别(传统的健身俱乐部和家庭锻炼计划)的优势,消除或降低了其他因素的影响。一方面,美国健身业中有大量传统的健身俱乐部,它不分男女,有全套锻炼和运动项目可供选择,而且通常都开设在消费层次较高的市区。他们用时髦的器械吸引高端的客户群。他们拥有一整套的有氧运动、力量练习器械、饮料吧、健身教练,以及封闭的淋浴间和桑拿房,他们的目的是让顾客除了可以在这里进行锻炼外,还可以进行一些社交活动。顾客们费力穿越城区到达健身俱乐部后,都会在那里待上至少一个小时,通常都在两个小时。会员费通常都在100美元/月,这可不便宜,因为他们要使客户群保持在高端和小规模的水平。这些俱乐部的会员只占到社区人口的12%,通常集中于大城市区域。投资开设一间这样的健身俱乐部需要50万~100多万美元,这取决于市中心的位置。另一方面,美国健身行业中也包括家庭健身计划,比如讲授锻炼的录像、书籍和杂志。这些方式的成本很低，可在家里使用，而且一般都不需要或只需要很少的器械帮助，健身指导很少，以录像、书籍和杂志上体育明星的示范和讲解为主。问题是，什么是影响女性在传统健身俱乐部和家庭健身计划之间进行转换的关键因素？大多数的女性不会为了享受充足的器械、饮料吧、封闭的桑拿房、游泳池、碰到男性的机会而选择健身俱乐部。一名非职业运动员的普通女性甚至不希望在她锻炼的时候碰到男性，也许是因为不想让他看到她身上的赘肉。她也不想排在男性后面使用那些器械，因为她不得不调整重量或角度。从时间方面来说，普通的女性很少能够每周花几个小时到健身俱乐部，而且市区内的交通也是一个问题，这会使得她们失掉去健身的兴趣。事实证明，大多数的女性选择健身俱乐部的主要原因只有一个，那就是当她们在家锻炼的时候，很容易会放松对自己的要求。如果不把自己视为一个运动爱好者，她们也很难在家对自己严格要求。和别人一起锻炼，更容易激励运动的兴趣。相反，那些选择在家一个人锻炼的，主要考虑的则是省时、成本低和私密性好。Curves 通过吸收两个战略类别的优势，消除和降低劣势，从而创造了蓝海市场。Curves 消除了那些对大多数女性毫无吸引力的传统健身俱乐部的服务，去掉了那些特殊的器械、食物、美容、游泳池，甚至一些有锁的房间，换成了用幕帘相隔的区域。

Curves 俱乐部给人的感觉与一般的健身俱乐部完全不同。进入健身房，会员看到的仍然是健身器械（通常 10 台左右），但是与一般健身俱乐部不同的是，这些器械不是排成一排，而是对着一台电视，排成一个圈，从而使会员们可以充分交流，使锻炼成为一种乐趣。Quick-Fit 循环训练系统采用液压器械，无需调整、安全、易用。这些器械专门为女性设计，降低了冲击应力，强化了力量和肌肉练习。在锻炼过程中，会员们可以互相交谈，彼此照应，这种轻松、没有压力的气氛与传统的健身俱乐部完全不同。墙上很少镜子，也没有男性会盯着你看。会员们绕着器械圈和有氧练习垫转圈，不到 30 分钟的时间就可以完成整个训练。减少不必要服务，专注于提供主要服务的结果就是价格降到了 30 美元/月，使这个市场面向普通女性。Curves 的口号是："以每天一杯咖啡的价格，你就可以享有正确锻炼带来的健康。" Curves 通过较低的价格向顾客提供了超值的服务。与传统健身俱乐部高达 50 万~100 万美元的初始投资相比，开设一家 Curves 健身中心的初期投资不过 2.5 万~3 万美元（不包括 2 万美元的许可费用），因为他们将许多不必要的东西去除了。变动成本也低得多，人员和维护费用大大降低，由于空间缩小，房租也大幅下降，原来市中心的租金高达 3.5

万~10万美元每平方英尺,而现在市郊区域的租金只要1500美元每平方英尺。

Curves的低成本经营模式降低了连锁店成本,使其如雨后春笋般发展壮大。平均只要吸引到100名会员,连锁店就可以在几个月内开始盈利。已经建好的Curves连锁店在二手市场上转让价格介于10万美元到15万美元之间。这样的结果就使得Curves的连锁店遍及大中小城镇,它不是直接与现有的健身概念竞争,而是创造了新的蓝海需求。当美国和北美市场开始饱和后,企业管理层开始计划向欧洲扩张。扩张计划已经在拉丁美洲和西班牙开始实施。到2004年底,Curves健身中心的数量将达到8500家。

【案例思考题】
1. "曲线美"健身俱乐部是如何进行市场定位的?
2. "曲线美"健身俱乐部是如何通过服务为客户创造价值的?

(六)运动训练与竞赛市场分析训练

【训练目的】
1. 了解运动训练与竞赛市场经营的主要内容。
2. 运动训练与竞赛市场营销的方式方法训练(包括赛事策划、赞助计划、广告募集,赛事预算及效益分析、俱乐部经营管理等)。

作品一 体育赛事的选择和策划

一场体育比赛的成功取决于很多方面,体育赛事的选择和策划以及判断体育赛事的市场价值取决于赛事的基本情况,包括比赛项目、比赛地点、参赛者、传播范围、比赛的对抗预期程度、社会心理寄托、关注程度等多方面因素。

一、选择体育赛事

1. 选择项目前应具备的条件。首先,策划人要有敏锐的商业头脑,能够找到项目的卖点,并通过文字加工转化成商家乐于接受的文件,在投资论证中予以讨论。显然,做一个漂亮的策划书是关键,其目的是通过策划让商家看到投资后的回报。要让商家感到投资后的价值就应该选择与商家产品形象贴近的项目进行运作。其次体育经纪人本身要了解经济和法律等方面的知识,也需要熟知体育知识,更需要讲诚信,有耐心。

2. 选择体育赛事的依据。选择体育赛事通常是在计划内的赛事中进行选择。体育主管部门制定赛事计划主要出于两个目的：一是促进项目发展，如比赛按年龄划分为少年赛、青年赛、联赛、选拔赛等，以竞赛促进梯队的形成和高水平队伍的产生；二是丰富社会文化生活和筹集社会资金，如赞助等。

二、策划体育赛事

除计划内赛事项目之外，还有一些计划外项目，主要是中介组织（经纪公司或经纪人）、赞助商或媒体策划形成的赛事。

1. 有目的地收集不同项目赛事、电视媒体和赞助企业的信息。在及时利用这些信息的同时还应建立数据库长期保存，以备随时参考。

2. 对信息进行分析研究，并进行有针对性的市场需求调研。

3. 根据具体情况，进行市场定位，如选择居间，行纪还是代理服务；选择单环节，多环节还是全面经纪服务。策划赛事的关键在于"赛事有故事"，有好的传播手段，符合企业树立形象、促销产品的市场需要。

三、选择策划体育赛事的前提准备

策划体育赛事需要做好赛前调研准备。与赛事主办者或其授权的赛事组委会进行协商、谈判、以获得该赛事的举办或代理资格，签订相关经纪合同。

四、谈判签约

有了一定赛事选择意向后，赛事经纪人应到相关体育管理部门了解申办赛事的条件和有关事项。此类赛事只要经过一定的报批手续，由相关管理部门批准即可举办。这些赛事往往是经过了专门的商业策划且有较高商业价值的比赛，如中央电视台策划的乒乓球擂台赛等。选择或策划体育赛事的动因主要有两种，一种是追求即时获利，另一种是追求长远效益（以长远目标进行赛事推广）。如果追求即时获利，可根据赛事的基本特点，从计划内赛事中选择项目市场化程度高、参赛选手知名度高、社会关注度大、传播面广的赛事进行经纪；或是根据赞助商、电视台的需求自行策划计划外赛事进行经纪。如果是追求长远效益，则可根据世界及国内项目发展状况，选择一些稚嫩的项目进行长期经纪，这些项目常因当前市场开发不足而成本较低，但其未来前景十分客观。此类项目主要是国外已很流行但国内尚有待开发的项目，如高尔夫球、网球、橄榄球、跆拳道等。还有一些猎奇类项目，如蹦极、滑翔、热气球等。这些项目因能迎合人们的猎奇心而受关注，并形成市场。随着"全民健身计划"的实施，许多群众性体育竞赛活动也引起了一些电视台、赞助商的关注，也会形成新的具有经纪机会的赛事活动。

五、洽谈媒体参与方式

媒体的主要作用是宣传报道和市场开发，各种媒体因其宗旨、对象、内容、定位不同而具有不同的市场状况。体育赛事宣传往往是组合各种媒体，采用多维和立体的方式进行传播。为取得更好的宣传效果，应公益性宣传和市场化有偿宣传并举。

1. 电视媒体。电视媒体的选择有两种：一是选择主播台，二是选择转播台。

（1）选择主播台。对赛事实施面向全国的电视转播前，首先需要电视台对赛事进行节目录制、编辑和卫星信号发送，这项工作往往由赛事所在的地方电视台承担，但有时也由中央电视台或临近地方台派出转播车进行。承担此项工作的电视台往往称为主播台。经纪体育赛事时，应对进行赛事节目录制、卫星信号发送的主播电视台进行选择和谈判。主播台的工作常常是有一定成本支出的，经纪人应考虑成本的投入因素。赛事的电视转播权或以广告时段置换，或以付费的方式获取。

（2）选择转播台。转播台主要担任接收空中节目信号，实施本台电视播放的任务。经纪体育赛事时，最好能选择转播覆盖面广的电视台；选择转播台的另一个重要依据是该电视机构制作转播这类节目的历史和预期"节目收视率"。没有电视转播的比赛，其市场价值将大打折扣。体育赛事的价值通过电视转播能够得以充分体现，因此争取电视台的合作至关重要。

2. 报刊媒体。电视媒体通过给人强烈的视觉刺激而吸引人们关注体育赛事并达到广泛传播的效果；报纸刊物则以深度分析赛事和可重复阅读而见长。报刊媒体的宣传方式主要有三种：一种是公益性、免费的新闻报道；一种是公益性、免费的深度专题报道；还有一种是报刊广告。要善于挖掘公益性的报道方式，同时也要关注网络新媒体。

作品二 运动训练与竞赛市场经营管理

一、运动训练市场经营的主要内容与方法

运动训练市场经营的主体是教练员和运动员,其产品主要是赛事,训练的成绩越突出,赛事产品质量就越高,市场前景就越好。

1. 举办各种运动学校、培训班。运动员的训练成绩越好,运动员的市场需求就越大。

2. 参加各种比赛。举办比赛是运动训练市场经营的主要内容,通过比赛既可以提高教练员、运动员的技术和业务水平,增加相应的收入,也是向体育人才市场展示自己的重要机会,还能满足社会对竞技体育赛事服务的需要。

3. 进行劳务输出。可进行国内外的有效交流,加速训练市场的竞争与繁荣。

4. 为企业做广告。利用优秀运动队和运动员为企业做广告或代言人,或与企业联合办队,以促进运动训练市场的竞争。

二、俱乐部经营管理

职业体育俱乐部是指由职业运动员组成的、有资格参加全国职业队联赛的俱乐部。按性质可以分为非营利性和营利性两种。

职业体育俱乐部经营的主要内容与方法:

1. 围绕俱乐部所属的运动队展开的经营,包括门票、广告、电视转播收入、转会费、会员费。

2. 围绕项目市场展开的经营开发。

3. 利用俱乐部已经形成的无形资产——广告效应进行实业开发,包括投资建设集餐饮、写字间、商场、客房于一体的俱乐部大厦;投资体育保健及相关制药行业;投资房地产业;投资生产体育器材、服装等。

4. 证券——股票经营。

三、运动训练市场的效益投资问题

经营运动训练市场,要对运动训练中的效益投资进行具体分析,这是经营这

类项目的首要条件。

（一）主要内容

1. 时间经济效益。时间是一种重要的生产资源，是一切生产部门提高劳动生产率及其经济效益的根本保证。从运动训练来说，时间经济效益具有周期性、社会性等特征。

2. 结构经济效益。对运动训练市场中项目的布局，要进行充分的市场调研分析，充分发挥自己的优势，扬长避短，在训练市场竞争中以少的投资获取大的效益。

3. 科技经济效益。在运动训练中充分利用现代科研成果为运动训练实践服务，是提高运动训练水平非常关键的因素。从现在来看，竞技体育的较量实质上是科学技术的较量。

（二）主要指标

1. 运动队培养优秀运动员的人数。
2. 比赛名次。
3. 淘汰率。
4. 培养费用。

四、赞助计划

运动竞赛所需要的大量资金是通过多渠道获得的，分为稳定性收入和非稳定性收入。而体育赞助则是非稳定收入的一个重要来源。

体育赞助是以体育为题材，以支持和回报为内容，以利益交换为形式，以达到各自组织目标为目的的一种特殊的商业行为。对体育组织、机构和个人来说，体育赞助是现代企业营销的一种行之有效的方式，是提升企业形象，扩大产品销售，提高企业在国际、国内两个市场上的竞争力的实际需要。赞助双方是互利互惠的商业伙伴关系。

体育赞助作为体育营销领域里重要的一种手段，已被许多大企业娴熟地加以运用，并取得了良好的经济效益和社会效益。其目标与策略为：

1. 体育赞助目标是所有赞助活动的出发点和归宿，它将指引着体育赞助活动的顺利开展和各种策略的制定，也成为检测赞助效益的首要标准。所以，制定明确的体育赞助目标是整个活动的灵魂。这就要求企业要了解体育赞助的市场属性并对其内外环境和现状进行分析。

2. 制定策略分为体育赞助的定位、定时和发展策略。

 作品三　CUBA启动星河计划六大革新打造篮球梦工厂

2009年CUBA新赛季"星河计划"正式启动，新赛季推出了一系列新举措，以求未来能够实现从过去十一个赛季以来单纯的赛事产品营销向品牌营销转变升级的目标。CUBA联赛将以"发展高校篮球，培养篮球人才"为宗旨，以"强健体魄，净化思想，崇高灵魂"为使命，以"大学梦，篮球梦，CUBA圆我梦"为口号，坚持育人为本的原则，推行包括赛制改革、品牌建设、媒体传播、商务推广、经营管理、公益基金在内的六大革新计划，致力于CUBA成为顶级的高校体育文化品牌，并希望以赛事为核心逐步扩大CUBA的社会影响力，使其成为新青年文化的代表品牌。

新赛季除了在预赛赛制上有所改变之外，CUBA还将在赞助商的支持下，以"CUBA，校园梦工厂"为主题，推出一系列的校园推广活动，目的在于让更多的学生直接参与到CUBA中来，使CUBA成为校园文化的展示平台。学生们参与活动的过程，是他们追逐青春梦想，挖掘自我潜能，创造团队价值的实践过程。"校园梦工厂"系列活动的实施是CUBA"育人为本"原则的具体体现，将为高校实现培养各类高素质人才的目标提供支持。

【案例思考题】

1. CUBA的革新主要体现了哪些营销方法？
2. 你认为CUBA的品牌营销中还有哪些不足？

（七）体育彩票市场分析训练

【训练目的】

1. 了解体育彩票的种类、性质、作用、特点。
2. 体育彩票发行营销模拟训练方案（包括数码彩票、博彩型彩票的营销）。

作品一 体育彩票发行营销方案

狭义的体育彩票是指以体育比赛为媒体发行的彩票,亦可称为竞猜型体育彩票、足球彩票、棒球彩票、赛马彩票等;广义的体育彩票是指发行的目的与体育相关的各类彩票。中国体育彩票是指:为筹集体育事业发展资金发行的,印有号码、图形或文字,供人们自愿购买并按照特定规则获取中奖权力的书面凭证。体育彩票不计名,不挂失,不返回本金,不计付利息,不能流通使用。中国体育彩票的销售方式主要有两种:规模销售即开型体育彩票方式和电脑辅助销售传统型体育彩票方式。

一、策划目的

发行体育彩票是为了在短期内筹集体育发展资金,吸引人们关注关心体育事业,减轻国家财政负担,发展体育运动,同时也有利于扩大就业,培养公民的奉献意识和提高运动技术水平。

二、营销环境分析

1. 宏观环境分析

目前我国的体育彩票由政府进行监管,使发行和销售工作得到极大的保障。随着我国经济的发展,彩民对彩票的钟爱程度越来越高,而且许多彩民对一夜暴富始终充满幻想和憧憬,所以体育彩票的市场前景一片大好。

2. 市场调研

目前体育彩票的彩民主要以男性为主,占总调查人数的80%之多;彩民多以个体劳动者为主,占总调查人数的30%之多;年龄在24~44岁之间的彩民占到总调查人数60%之多。他们的文化程度整体不高。受调查者的工资一般在1500元以下,占受调查人数的70%。几乎没有月收入超过5000元的彩民。

3. 产品分析

目前体育彩票的中奖者的奖金金额越来越大,所以它也越来越吸引彩民去购买。同时它也存在着缺陷，就是彩民的中奖率不是很高，可能会影响彩民的购买热情和积极性。

4. 营销现状分析

目前体育彩票的销售非常火热，彩民也在逐步增加，彩票销售量呈上升趋势。但是由于体制问题，现在市场上只发行数码型彩票，博彩型彩票被禁止。

三、营销方案

1. 产品方案

彩票是一种特殊的商品，有着其他商品无法比拟的价值，它把彩民的社会责任感（支持体育事业）、潜伏的巨大商机（发财梦）、美好的理想（对富裕生活的向往）和谐地柔和在一起，不用对其做过多的宣传，就有着最为广泛的消费群体。产品服务方面，在每个彩票售票点都有专门的营业员，他会给消费者以最好的指导和服务。

2. 价格方案

彩票是固定的2元钱，由于价格已经很低，所以价格方面不会做出调整。

3. 网络方案

与各个不同的网站合作，例如淘宝网、体彩网，在网上进行销售，不但节省很多时间，也会节省消费者的成本，而且网络购买有利于消费者的更改。尤其是博彩，因为博彩是要根据场上的变化情况决定购买与否或者是购买的数量，所以网络售票绝对是一个促销的好办法。

4. 促销方案

与报纸合作，在报纸上刊登体育彩票与博彩的走势和彩民的一些心声以及近期中过奖的情况，以吸引更多的彩民朋友来购买彩票。

对于许多彩民来说上网购买是不切实际的，所以现在市场上最多的还是直接销售。在直接销售中，要做好服务和咨询工作，尽量满足彩民朋友的需求与欲望。对销售人员也要进行严格培训，让其有一个更好的提升来做好直接销售的工作，使市场利益达到最大化。

作品二 让人着迷的彩票

不知何时，在我们的身边已经出现了大大小小的彩票经销点，出了社区，都可以随时购买。报媒上经常报道，百万大奖花落邻家，以小博大就赢得百万大奖。问一问公司同事，现在还没有买过彩票的人还真不好找。彩票的新闻从来没逃离人们的"街头巷尾"，谁谁花上万元买彩票，竟无一中奖；某某贪污公款百万买彩票，不能自拔；坚守一注，终于获奖等等，不知不觉，彩票已经走进了我们的生活。

小小的彩票，每注不过2元，中奖概率微乎其微，怎么就这么让人着迷呢？从事市场工作多年，我试着从营销的角度去探求一番，发现这两者之间还有千丝万缕的联系，彩票即营销，营销即彩票。生活中，处处皆学问，从一张小小的彩票上也可以看到很多东西。

一、有潜在市场需求

彩票也是一种商品，从市场学的角度上看，彩票符合产品的销售特征，即成本小，收益大。随着经济水平的提高，人们早已从温饱过渡到了享受，为追求更高的生活质量，参与性和福利性的市场需求缺口巨大。

二、产品定位准确

好的产品，首先要有一个好的定位，彩票的销售也不例外，那就是为了公益事业。不管是福彩还是体彩，其根本性都是为慈善基金捐助，为了帮助弱势群体，中奖只是额外的收益，所谓成亦欣喜输也荣。再说，参与社会、回报社会是我们每一个公民的应有责任。

三、提供优质服务

选什么号，全在于你自己，工薪阶层与社会白领都处于同一起步线上，做到绝对的公平，彩票能为不同的消费者提供一致的服务，公平、公正，不会因为消费者的贫穷和富有而拒不提供服务。不少经销点还为消费者提供纸笔、饮用水、电话投注等多项服务。而且，在有国家公证监督的情况下的开奖过程"确保了产品质量的合格性、严谨性"。

四、消费便捷性

首先就是方便，就在家门口，方便你随时随地消费，而且开奖时间两天一次，千元以下的兑奖在本投注点和各投注点随时兑换，售后服务能得到切实保障，目前还没有消费者因为没有兑不到奖而投诉，消费者购买当然放心。

五、价格心理

2元就能买一注，但2元投注就有可能得到500万元的大奖，双注投注还有可能得到1000万元大奖。大奖的确诱人，小奖回报也具有杀伤力，5元、10元、200元到3000元不等，2元的最低投入额，足以让消费者不知不觉大把地掏空钱包。虽然中奖概率很低，但是在希望面前人人平等。

六、产品品种多

首先有现场的"刮刮乐"，即开即兑，如果你禁不起现场的残酷，还可以买一份希望，等几天开奖，何况在品种上，有福彩、体彩两大系列，再往下细分，还有排列三、3D、七乐彩、双色球等，消费者可以选择多种投注方式，单式复式，灵活组合。

七、广告促销

每一个彩票经销点都在店面内挂有大大小小的兑奖单，有几十以至上千，如同消费者现身说法一般。在促销策略上，每次报纸上总是漫不经意地刊登哪里哪里中了大奖，足以把购买者的心理勾得高高的，君不见，每一次开奖前，彩票的销售额大幅度上升。

关于彩票的销售策划，绝对是深得营销的"心传"，在整个销售过程中，销售方、承销方、消费者实现"三赢"。

作品三　新游戏推广——彩票的促销

"新游戏推广"——国外彩票经营者也会采取各种不同的手段对新游戏进行推广，以扩大它的知名度和影响力。例如，为了发售"超级7"彩票新玩法，安大略彩票公司举行了一个大型的系列促销活动，其中包括壮观的飞行表演、焰火晚会，以及"超级7"的仿真情景剧。上市庆典是以著名飞行员的飞行表演拉开序幕的。飞行员和飞机一起为观众表演了令人眼花缭乱的特技飞行动作，并用飞机尾气在天空中写下了一个巨大的"7"，就像"超级7"在电视上出现时的标志一样。这样做的结果是，这次飞行表演在彩票即将上市的5个地区，都上了报纸的头条。美国科罗拉多州的经营者则和三家地方电视台联合策划了一档关于即开新票"独占鳌头"游戏规则的竞赛活动。这次活动在彩票上市日的3周前推出，借以激发消费者对于新游戏的浓厚兴趣和购买欲望。电视观众只要打电话到"软新闻"栏目组，回答一些关于即开新票"独占鳌头"的简单问题，答对者就有可能在巨大的"独占鳌头"板上玩一次有现金奖励的游戏。这个板就设在丹佛的一个大商场里。这次竞猜活动被丹佛当地电视台转播，然后通过NBC新闻频道向全国直播。

作品四　多金彩　乐开怀——体彩推出即开型新品牌顶呱刮

随着2008年北京奥运会的临近，中国体育彩票即开型玩法也成为社会关注的热点。3月13日，国家体育总局体育彩票管理中心在北京召开新闻发布会，

推出新的即开型体育彩票"顶呱刮"。

经财政部、国家体育总局批准，国家体彩中心推出的新型即开型体育彩票，是一种全新的网点即开型体育彩票。"顶呱刮"的出现不但丰富了体育彩票的产品结构，同时也极大地满足了彩民支持奥运和购彩乐趣的需求。

在"顶呱刮"品牌面世的新闻发布会上，全国彩民们将看到这一新型即开彩的庐山真面目。"顶呱刮"即开型体育彩票品牌的标志非常醒目。图案以三个主要部分组成：抽象的五色"大拇指"造型为主设计方向，与黑色弧形的"顶呱刮"的品牌名称相结合，在图案下方是中国体育彩票的五色标志和中英文文字。"顶呱刮"的标志整体给人一种最好、积极向上、充满美誉度的直观印象。与奥运的"更快、更高、更强"的精神相呼应。其中向上高高跷起的大拇指，象征积极向上的生活态度和追求美好生活的理想，体现充满快乐的感受。而大拇指的五色造型既继承了中国体育彩票的品牌资产，又使产品"顶呱刮"的形象夺目。黑色弧形的"顶呱刮"的品牌名称更是结合产品最强的使用特征"刮痕"，融入人们刮开彩票时快乐的心情和产品带来的巨大惊喜，以可爱快乐的口型和活泼的字体，阐述出产品利益点，增加标志的好感度，体现即开型彩票随时给人们带来的无穷生活乐趣。

和以往的即开型彩票相比，"顶呱刮"有很多值得期待的新特点，其中买的方便、中奖更多的特点将极大地吸引彩民们的注意力。彩民们可以在很多地方买到"顶呱刮"，而且这种即开型体育彩票返奖率将从以往的50%提高到65%，这是目前中国所发行的彩票中，返奖率最高的彩票品种之一。更高的返奖率带来的是更高的奖金和更多的中奖机会，5元票头奖为10万元，10元票头奖奖金高达25万元。

除了中奖之外，即开型体育彩票"顶呱刮"票面精美，加之其紧密结合的奥运主题，对于热爱体育，热爱文化的中国人来讲，这又是一个极好的收藏珍品。这次推出即开型体育彩票新品牌还专门设计了一套形象使用规范，商业零售形式多样，从售卖点、超市大卖场到流动花车，均显示出统一、明亮、向上的形象。另外，借鉴其他快速消费的推广方式，国家体彩中心还制作广告歌曲、彩铃、平面电视广告等，这些将进一步加强和提升"顶呱刮"品牌新形象。总之，"顶呱刮"不但给了全国民众一个热爱体育、参与奥运的机会，更可以让他们为自己和国家的这次奥运盛会留下一份珍贵的回忆。

【案例思考题】

1. 试分析即开型体育彩票的玩法策略。

2. 即开型体育彩票的定价策略对彩民购买产生哪些影响？

（八）体育旅游市场分析训练

【训练目的】
1. 了解体育旅游的类型、特点及市场要素。
2. 分析体育旅游市场营销的手段方法（培养体育旅游营销计划写作技能）。

作品一　奥运旅游经济

2008年北京奥运会不仅是一届历史上最具影响的体育盛会，同时也为北京旅游产业调整结构、促使北京旅游产业升级转型提供了历史机遇，形成奥运旅游经济。据统计，奥运会期间，近5000名奥林匹克大家庭成员、7000名赞助商及其客人将参加北京奥运会，21600名左右注册记者将采访和报道奥运赛事，同时数百万的海内外散客游客将聚首北京。根据历届奥运会经验，这些人员在参与和观看北京奥运会的同时，必将顺访北京周边的旅游景点和全国其他著名的旅游胜地，从而带来旅游收入的增长。2009年共接待旅游总人数1.6亿人次，同比增长14.5%，鸟巢、水立方等设施成为北京最富吸引力的旅游景点。此外，由于青岛、天津、沈阳、香港和上海也是奥运会项目的比赛城市，奥运游还将对全国其他地区形成强力的辐射。据北京奥运经济研究会预测，后奥运会时期的中国旅游业受益至少持续10年。

作品二　身边的体育旅游市场——沙滩排球大满贯

改革开放以后，我国经济得到了较快发展，人民的生活水平也日益提高，旅游已经逐渐成为我国人民休闲、度假的好选择。近些年，我国的体育事业也在蓬勃发展，体育旅游市场也越来越受关注，而如何进行体育旅游市场的营销，也成了一个很重要的问题。

近些年，越来越多的体育旅游市场出现在我们的身边，我曾亲身参加了2012年沙排大满贯赛北京站的赛事，那就从几个方面来分析一下这次大赛。

第一，比赛自身。这次比赛是沙滩排球最高级别的赛事之一。沙滩排球，在巴西等海边国家非常受欢迎，非常具有观赏性，是夏季奥运会的比赛项目之一。而沙滩排球在我国还是个新兴项目，我国的薛晨、张希、吴鹏根、徐林胤等球员虽然也排在世界的前几名，可是，他们的名气与刘翔、李娜等运动员相比，仍有很大差距。走在街上，随便采访个路人，没有不知道刘翔、李娜的，可是知道沙滩排球这项运动的却很少，知道薛晨、张希的更是少之又少，然而她们也是世界前三名的水平。究其原因，还是宣传力度不够。

第二，观众分析。这次比赛，由于赛事本身在北京的知名度并不高，并且多数比赛是在工作日白天进行，天气又很热，所以，尽管有北京台和央视的直播，到场的观众依然不多，以来朝阳公园游玩的游客和早晨到朝阳公园散步的大爷大妈居多，偶尔有几位沙滩排球的爱好者，不顾酷暑从世界各地赶来，这些真球迷，在偌大的场地中寥若晨星，凤毛麟角。在比赛最后的两天，恰好是周末，观众较之前几天有了明显的增多，他们大多数是各个高校的学生和一些喜爱沙滩排球的上班族。而在比赛倒数第二天的女排决赛中，我们看到了来自巴西的助威团，他们远道而来给冠军拉里萨/朱莉安娜助威，赛场都被他们的歌声所感染。赛后夺冠的拉里萨和朱莉安娜特意跑到他们面前，感谢他们。这让全体工作人员都为之动容，这正是体育比赛的魅力，也是体育比赛最吸引人的地方。

第三，比赛推广。若想让比赛吸引更多的观众来看，比赛精彩是一方面，而有知名度，为人所熟知则是另外一方面。至于怎么提升比赛的知名度，就需要进行比赛推广了。首先，比赛要在媒体上做出广告，尤其是在大媒体的黄金时段。越早让人知道，效果越好。这两年，沙排之所以观众不多，一大原因就是推广太晚，广告效果没有体现出来，很多人甚至都还没有听过这项运动。此外，组委会要多向人们普及关于比赛的基本常识和规则，以防出现像在学校举行的斯诺克公开赛那样，照相声，说话声，手机铃声不断，干扰比赛进行的不良后果。

第四，比赛的相关配套措施和其他相关活动。例如，在比赛暂停的间歇期有来自西班牙和中国的两支啦啦队轮流进行舞蹈演出，还有吉祥物与现场观众互动。在比赛的间歇期，有大学生的音乐表演，陪伴观众们度过等待比赛开始的时光。而在场馆外，还有配套的商店，观众们可以购买饮料等商品。这些配套服务，会使比赛更具有观赏性，能吸引更多的人来观看。当然，如果在比赛的间歇期，加入一些有奖问答和比赛知识的讲解，会更能激发观众参与现场互动的兴趣。

第五，价格水平。由于沙滩排球在中国是一个相对冷门的项目，所以票价也相对平民化，不是很贵。20~100元，对于精彩刺激、紧张而富有美感的比赛而言，这个票价，性价比是非常高的。

作品三　如何优化中国的体育旅游事业？

体育旅游，因其积极健康的内容和鲜明独特的主题，正在成为中国公民休闲度假的一个重要选择。而四年一度的世界杯足球赛和夏季奥运会，则是最具吸引力的全球性体育盛会，也是全球体育爱好者的节日。以此为主题的观赛产品和服务，可以说是体育旅游行业的至高点。

目前，国内体育旅游的消费需求已经初具雏形，中国的旅游服务机构也在产品开发和服务提供方面不断探索和实践，但是与欧美发达国家相比，绝大多数中国体育旅游服务企业在产品策划、市场推广和运营能力等方面还有所不足，特别是表现在对赛会的规则，如票务、市场开发、运动会服务等方面的规则了解不全面，理解不透彻，从而导致资源获取能力相对较差，无法整合及充分利用接待资源。而业务规模的不足又造成运营成本过高，降低了服务质量的同时也限制了对有效需求的开发。

那么，我们应该采取哪些手段及方法，优化中国的体育旅游事业呢？

一、体制优化工程
——坚持市场主导、政府宏观调控的体育旅游产业发展模式

市场经济要求发挥市场在资源配置中的主导作用，政府作为服务者对产业发展进行宏观调控，保证市场在资源配置过程中的有效性。政府若盲目干预或者由政府拍脑袋决策无视市场自身的调节作用，就会干扰产业的自主发展方向。政府应该在体育旅游产业中发挥的作用主要包括：

1. 制定体育旅游产业发展政策和体育旅游发展规划，优化体育旅游产业结构

规划的制定是为了预见可能发生的危机和问题，以便更好地操控，保证产业平稳高速的发展，制定产业的发展目标、发展方向和推进方案，为体育旅游的发展制定限定因素。体育旅游产业是一个相关性强、覆盖面广的行业，涉及吃住行游购娱等六大要素，优化产业结构要保证六大要素部门的相互协调、比例适度，既不要有瓶颈制约的要素部门，又不要有"一枝独大"的单个产业要素供给过剩的部门，保证任何一个产业都存在上下游部门链条，保持链条畅通。

2. 完善旅游法律法规、旅游行业规范，加强执法人员的执法力度

法律法规的制定能规范市场秩序，打击投机分子、恶性竞争企业，降低公共安全的威胁。旅游产业本身的综合性和复杂性决定了体育旅游产业中不免存在若干不安全因素，因此完善相关法律法规的制定是前提。同时需要执法人员的严格执法，保证法律法规的执行力在基层得到体现。

3. 加强体育旅游设施的建设

任何体育旅游产品都需要完备的基础设施，包括交通、住宿、餐饮、娱乐和休闲等设施，以及旅游咨询、旅游交通、旅游购物、旅行社、旅游酒店等旅游行业的支持。体育旅游设施是开展体育旅游活动和开发体育旅游产品的直接物质依托，没有这些基本的物质依托，开发体育旅游无疑是无本之木，无源之水。

二、市场优化工程
——坚持以体育旅游市场营销为主、体育旅游促销为辅的体育旅游营销模式

市场营销经历了生产观念、产品观念、促销观念、市场营销观念和社会市场营销观念五个阶段。营销和促销的本质区别在于：营销是设计能卖出去的商品，而促销是想办法卖出去已经设计好的商品。由于市场预见的局限性，两者都很重要。我们要坚持市场营销为主，促销为辅的体育旅游营销模式。

1. 体育旅游分销渠道的建立

在控制成本的基础上，扩宽体育旅游的分销渠道。如涉及体育旅游的产品，通过旅行社批发商、旅行社零售商将产品销售给顾客，在必要时可以去除零售商。通过旅行社批发商以较低的团体价格批发给团体游客，降低营销的成本。也可以开拓网上的B2C销售，彻底去除中间商，直接将产品销售给顾客。甚至可以采用联盟、特许经营体育旅游产品等合作性分销系统，使竞争都消化在产业内部。

2. 努力创建体育旅游品牌产品

品牌是未来市场竞争的核心。我国很多地方都在开发具有自身特色的体育旅游产品，但是品牌的保护和开发仍然处于较低水平。为各地具有资源和市场优势

的体育旅游产品注册商标、加强产品的知识产权保护势在必行。

3. 发挥体育旅游广告、体育旅游公共关系部门的作用

广告宣传在体育旅游营销中扮演着重要的角色，它可以让顾客直观地了解体育旅游产品的相关信息，激发他们的购买欲望。在体育旅游广告的设计过程中，应当注意对消费者反应机制模型（AIDA模型）的运用，即吸引注意、培养兴趣、加强欲望和刺激行动。公共关系是20世纪的首创，在市场营销中处于最重要的地位，设立公关部门，发挥媒体作用，进行宣传报道，能有力地保证体育旅游产品的销售。

三、人才优化工程
——坚持校企联合培养为主，吸收引进为辅的体育旅游人才培养模式

体育旅游人才是未来体育旅游产业竞争的核心资源。要满足日益高涨的体育旅游消费需求，仅仅加大对体育旅游的物质投入、扩大经营规模是不够的，还要下大力气培养高素质的体育旅游专业人才，以促进体育旅游产业的生存与发展，保证体育旅游产业在体育旅游资源开发与投资决策、产品设计、生产与销售服务等一系列问题上的规范化和科学性。

四、理念优化工程
——坚持体育旅游持续开发为主，经济效用开发为辅的体育旅游产品开发模式

体育旅游资源是体育旅游产品开发的前提条件，重视体育旅游开发的可持续性，保证资源的持续供给，是体育旅游未来产业的发展方向。当前，体育旅游开发中关注较多的是体育旅游对经济、社会、环境的促进作用，往往忽略了体育旅游开发过程中所造成的自然环境污染、地方特色消失、对民族文化的冲击、旅游资源过度开发等问题。因此，应重视体育旅游可持续开发，其主要措施有：

1. 制定可持续发展的长远规划，加强体育旅游资源的保护

体育旅游资源的保护是在科学发展观统领全局的前提下提出的，其目的是保

证开发和保护的有效衔接，为开发提供远景规划。坚持可持续开发，应杜绝粗放型的经济发展模式，在资源的深加工和科技创新上努力；杜绝贪大求全，盲目崇洋等心态，对体育旅游资源的盲目恶性开发严肃惩戒，不以经济利益为导向，做好资源的保护。

2. 政府牵头、企业加盟，拓宽体育旅游开发的融资渠道

可持续开发需要充足的资金支持，如对体育旅游可持续开发的研究、体育旅游资源的保护、体育旅游人才的培养等都需要投入大量财力。这些光靠政府财政支出是远远不够的，需要通过体育旅游广告收入、体育旅游门票收入、体育旅游活动收入等获取基本资金，还要让不同的组织机构参与到资金筹集的过程中来，通过举办体育旅游博览会、体育旅游企业赞助会等多渠道融资。

3. 建立体育旅游的评估体系，保证体育旅游开发在可控范围之内

组织经济学和统计学方面的专家为体育旅游产业建立科学的评估体系，包括定性评估和定量评估。评估的内容可以从体育产业的经济效应、生态效应、社会效应和人文效应等诸多层面进行具体量化，为体育旅游资源的开发限度提高标准，为当地的环境资源容量提供参考。同时要建立评估机构，配备专业评估人员，并加强对评估的审查和督导，保证评估的科学性和真实性。

五、产业优化工程
——坚持体育旅游产业一体化、核心产业优先开发的体育旅游产业进化模式

"进化"是相对于普通"发展"而言的。既然是进化，就要坚持以创新为主要动力，科技为核心要素的原则。产业一体化是未来产业发展的基本方向，包括横向一体化、纵向一体化和多元化战略，其目的都是减少产业内部自耗，降低交易成本，形成规模经济和范围经济效应。推进体育旅游产业一体化的主要措施包括：

1. 协同整合打造体育旅游横向产业链，建立体育旅游产业的大部制

今年的两会中，国务院在机构改革方面将大部制改革提到了更高的层面，目的就是形成统一有效的管理机构，避免因为权责重叠而增加诸多弊端。体育

旅游产业的大部制在形式上不是国家机构的大部制改革，但是在精神上可以借鉴。协同整合打造体育旅游的横向产业链，鼓励大型企业收购或兼并同类产品生产企业以扩大经营规模的成长战略，其实质是提高系统的结构级别，其优势是实现了规模经济，降低了产品成本，巩固了市场地位，提高了竞争优势，减少了产业内部竞争。

2. 充分利用现代科技的催化作用，加强体育旅游产业虚拟前向一体化

现代科技革命的一个重要特征就是信息技术的更新换代，而旅游产品和信息技术的结合也是大势所趋。信息技术和网络平台不仅为旅游者提供充分的信息渠道，而且搭建了旅游者和旅游企业的桥梁。旅行社是社会分工具体化的产物，在EC条件下，可以得到空前完备的信息。显然，在IT条件下交易双方完全可以丢掉中介，以在线直接交易的方式，获取前所未有的利益。

3. 优先发展体育旅游产业的核心产业，增强产业的核心竞争力

体育旅游观光和观战产业、体育旅游休闲度假产业，网球大师杯、高尔夫运动等都是闵行区现有体育旅游产业的品牌产品。只有在现有基础上进行产品的深加工，不断开拓现有产品的资源潜力，才能进一步发展其他相关产业。核心产业是整个产业结构的灵魂，能够充分体现自身地域特色和品牌价值。

作品四　环岛大帆船赛获CCTV第7届十大体育营销经典案例

2012年1月9日，CCTV中国体育营销论坛暨第7届十大经典案例颁奖盛典在北京中央电视台梅地亚中心举行。环海南岛国际大帆船赛（以下简称"大帆赛"）在众多竞争对手中脱颖而出，获评中国十大体育营销经典案例。

创办于2010年的大帆赛是海南省着力打造的三大品牌赛事之一。赛事由国家体育总局水上运动管理中心和海南省文体厅共同主办，每年一届。2012年大帆赛于2012年3月9—19日在海南省举行，此次赛事设赛船和休闲船两个组别。大帆赛自举办以来，致力于打造品牌赛事，并借助赛事宣传海南国际旅游岛，使大帆船赛成为对国际旅游岛的一次生动的品牌营销。

一是采用"政府主导、企业参与、市场运作"的体育营销模式，共同打造大

帆赛大品牌。历届大帆赛得到了国家体育总局和海南省委、省政府的支持。省领导罗保铭亲自担任名誉主任，省委常委、宣传部长、副省长谭力亲自担任组委会主任，全面领导和指导赛事筹备工作。以省文体厅为首的组委会各职能部门、赛段各市县团结协作，严密高效运作，发挥了赛事组织工作的最佳效能。2011年，世界500强企业中粮集团成为2011年环岛国际大帆船赛的独家冠名赞助商。此外，中国联通、奥迪、可口可乐、红牛、京润珍珠、海南啤酒、中华宝艇等20家国内外知名企业，也倾情赞助此届大帆船赛，将赛事作为展示企业及其产品的一个极好窗口。为加大市场开发力度，解决办赛经费短缺问题，大赛组委会将市场开发工作委托给三亚泛旅实业有限公司和省赛事公司。两家公司充分发挥市场运作灵活，协调沟通方便和潜在客户资源等优势，在较短的时间内，利用赛事品牌效应，加大广告宣传力度，争取到了海南农垦、中国联通海南分公司、海南礼仪之邦实业有限公司等11家企业赞助，弥补了办赛经费的不足，有效地节约了行政办赛的开支。

二是通过"平面媒体、电视媒体、新媒体"全方位立体式宣传，保证营销效果最大化。在媒体运用上，建立大赛官方网站，充分利用本省媒体频道资源，加强与国内外主流媒体合作。以电视现场直播为核心，同时以网络、报纸、杂志、微博等多种媒介进行全方位立体式宣传。借赛事平台向全世界宣传推介海南国际旅游岛。每届大赛前，海南省文体厅都要召开重大文体活动合作媒体座谈会，听取中央电视台、部分中央驻琼媒体和省内主要媒体的意见和建议。赛事组委会建立了赛事官网，对外发布赛事新闻、全面介绍海南海洋知识和海上旅游项目。央视派出报道队伍对大赛开闭幕式、比赛全过程以及海南的民俗风情、旅游资源、海上风光等进行了录播和报道。第一届大赛在新华网、南海网、海南在线等网站上搜索网页达29.8万个，发布新闻1500多篇。组委会还录制赛事光盘、印制宣传画册，分发给国外运动队。海南电视台、海南日报等省内新闻媒体分赛前、赛中、赛后三个阶段进行强力宣传，营造了良好的舆论氛围，提高了海南在国际上的知名度。

三是通过赛事传播营销带动国际旅游岛体育旅游产业的快速发展，引爆品牌赛事经济效益。大帆赛的成功举办，对海南社会经济发展有很大的推动作用。每届大帆赛都会吸引与船队相关的人士及无数爱好者到各经停站，一驻扎就是半个月以上，有效带动了海南体育旅游业的发展；大帆赛的举办，也推动了海南各地码头、港口等设施的建设，吸引了更多中外游客到海南来休闲度假。随着中国竞技帆船水平的逐步提高，大帆船运动也悄然在国内兴起。此次沃尔沃环球帆船赛在三亚设立港口和接待站，让海南帆船运动再度升温。大帆赛作为海南的品牌赛事之一，已经蓄势待发，"钱"景可待。

背景资料："CCTV体育营销高峰论坛暨体育营销经典案例颁奖盛典"是由国家体育总局经济司、中国奥委会市场开发委员会为指导单位，中央电视台体育频道、中国网络电视台联合发起，由北京大学案例研究中心、长江商学院案例研究中心、对外经贸大学国际商学院、中国传媒大学品牌研究所作为评审机构，北京奥商体育文化发展有限公司承办的大型活动。自2005年起至今，盛典活动已成功举办六届，每届均有上百家世界顶级企业参加互动，上百家平面及网络媒体强势传播，是体育营销业最高规格的盛会。

【案例思考题】
1. 环海南岛国际大帆船赛属于哪一类体育旅游产品？
2. 环海南岛国际大帆船赛使用了哪些营销方法？其主要目的是什么？
3. 环海南岛国际大帆船赛的营销模式对于我国其他城市发展体育旅游有何借鉴？

（九）体育用品市场分析训练

【训练目的】
1. 了解体育用品市场的特点、分类。
2. 分析体育用品营销的特点、方式方法及体育用品推销方案。

案例分析一 体育用品市场的国际竞争

我国已成为世界前列的体育用品生产基地和主要消费市场，同时大量国际知名体育品牌纷纷涌入我国市场，我国的体育用品市场已经形成了国际竞争态势。从美国市场研究机构《体育用品情报》（SGI）的调查表来看，耐克2007年底市值为320.39亿美元，依然是全球体育用品公司中当之无愧的老大，阿迪达斯、彪马分别排在第二、三位，紧随其后的李宁公司2007年底的市值达到了38.61亿美元。据第一财经日报的调查，2010年度耐克在大中国区的收入为18.64亿美元，约合人民币120亿元，李宁公司为96亿元人民币，与耐克还有很大的差距。我国体育用品企业的品牌竞争力仍然逊色于国际知名品牌，跨国品牌掌握着市场财富的优先分配权。

案例分析二 耐克公司的营销策略分析

一、赋予产品精神理念

耐克公司的产品主要定位于30岁以下的都市年轻人,有着明确的目标客户群。他们着重精神表现的宣传方式,并根据这一理念创作了众多深入人心的广告片。"Just do it"这一体育用品界最成功的口号,影响了几代热爱运动的年轻人,而它也正是耐克淡化品牌宣传方式的成功案例之一,使得耐克宣扬的个性与自信延伸到世界的每一个角落。通过这种精神层面的宣传,使得消费者认识到产品,让消费者意识到购买的产品是购买文化,并非仅仅是产品本身。而这种精神层面的宣传往往可以使得一个企业获得长期的可持续发展。

二、与中国文化结合

耐克中的产品几乎没有以产品为核心的,大部分是以概念、观点、思想、文化为核心的,通过比较自然的方式表达出来,实现与广告中所传达思想的无缝协调。同时,耐克还与中国文化进行结合,靠文化扩散占据。中国是个人口大国,需求大国,但对于鞋的选择十分局限。耐克针对这一现实情况,开始在鞋文化上大做文章,借助网络是耐克营销的创新,让耐克文化深入人心。同时,中国现代的人群越来越喜欢展现个性、品味独特,耐克公司将广告嫁接了个人的体育精神和个人的成功味道,迎合了中国消费者的口味。

三、扩大产品线延伸

耐克身为全球体育用品产品线最为丰富的品牌,非常注重专业市场的开发。利用现有市场资源和自身技术优势进行产品的合理延伸,不失为一种保持市场增长的好办法。耐克公司除了不断地开发篮球鞋,也相继推出了女性专用鞋和轮滑、户外运动鞋,为耐克带来了大量客户。另外,耐克公司也非常重视原有产品的保持,如耐克的飞人鞋做到24代,每一代都有主打与辅助的产品,可以说将这一策略做到了极致。

四、加大创新力度

在市场竞争日益激烈的时代,要想建立一个被市场认可的强大品牌,必须坚持技术创新。只有加大科技投入,开发出具有自己核心技术的被市场认同的产品,才能在市场竞争中立于不败之地。而这也是耐克公司获得成功的原因。通过加大对产品的研发力度,不断地推出新产品,同时提高技术水平,保证产品质量;另外,耐克公司在管理方面也有所创新,实行先进的管理制度,保证企业发展的需求。

五、明确价格定位

在价格制定方面,既要符合消费者的心理需求,又要增加体育用品生产企业的效益。体育消费品生产厂家对产品的定价不但要考虑成本、利润和税金,还要关注消费者对既定价格的心理反应和接受程度等多种相关因素,只有当消费者的购买满足正态分布时,定价才是最理想的。耐克公司对于价格的制定相对高于其他品牌,这是符合市场需求的。对于亚洲消费者来说,比较重视面子及奢侈品。耐克通过制定高价位,让消费者意识到耐克属于世界名牌,购买它代表着其经济条件良好。而这些能够满足亚洲消费群体的需求,使消费者愿意花比较多的钱来购买产品从而获得附加价值。

六、广告更重视情感

广告沟通的艺术,销售力的产生,不单是来自产品功能利益的主张,更是来自某种深度的认同——关于娱乐、情感、想象、崇拜的沟通。体育广告是以体育消费者为直接诉求对象的消费刺激,在消费者购买行为程序——信息输入阶段,具有举足轻重的作用。塑造企业和产品的完美和充满活力的形象是耐克公司的战略目标。研究专家认为青少年的模仿能力极强,对品牌也极为敏感,校园里的明星人物的穿着经常会成为模仿的对象,因此只要设法让最有魅力的运动员穿上耐克,就必定能吸引全国为数众多的人的模仿。"飞人"乔丹出色地把握耐克公司的独特精神气质,即完美且充满活力的工作作风。同时,耐克公司以消费者的情感或者社会性需要为基础来宣传广告品牌的附加价值,如当刘翔退赛使全体国人为之惋惜、痛心时，耐克公司迅速捕捉公众这一感情诉求，迅速调整广告策略。2008年8月19日，刘翔退赛第二天一早，耐克公司首家在《北京青年报》《南方都市报》《华西都市报》刊登广告，报纸封面有两张大图，一张是刘翔退赛后失落的背影；另一张是刘翔坚毅的正面特写，广告词是"爱比赛，爱拼上所有的尊严，爱把它再赢回来。爱付出一切，爱荣耀，爱挫折。爱运动，即使它伤了你的心"，实施爱心广告策略，满足国人的感情诉求，通过第一时间支持刘翔，表达了对中国运动员的关心，通过这种广告词语，引导消费者，开发其需求。

七、网站建设重视产品宣传

在网站建设上，耐克的网站设计精致、内容丰富，对于年轻人具有强大的感召力，体现了动感设计与商业运用的巧妙结合。网站采用法拉盛技术制作，网页富有动感，内容包括运动图像、栏目、弹出广告等，非常丰富。网站中大多是宣传自身产品及业务等，而对于公司介绍，只是在页面底部放置了一个小按钮，内容仅两页，说明耐克更加重视业务方面的宣传，这也是网络营销的一种策略，目的是让消费者更快地获得信息，有助于产品的营销。

八、低频率促销

由于耐克的品牌认知度、市场响应度、顾客忠诚度都很高，因此耐克很少进行产品促销，只有样式过时、产品过季时才举办一些优惠促销活动。这样一方面明确提示耐克的不降价策略，使已经购买的消费者获得持续的满足感；另一方面，实行较少的促销策略，也是为了保证耐克在中国消费者心中的知名品牌地位，摆出一种行业老大的姿态，满足消费者的心理需求。

九、重视品牌的打造

随着运动鞋品牌竞争日益激烈，塑造和强化驰名品牌就成为现代市场营销活动的关键之一。耐克公司始终非常重视品牌的宣传，整合企业有限的资源，着力于品牌塑造和策划、新产品研发及促销宣传工作，通过不断扩大品牌的知名度使企业获得成功，促进其销量提升。

十、致力于社会公益

社会公益是以营销为导向的。从社会公益的角度来说，耐克公司赞助了许多青少年运动，以及一些帮助青少年学习的电视节目。同时，它还保持着与新闻媒体良好的关系，通过新闻媒体的宣传，增强公众对品牌的认知度，达到让公众知道、了解、认同的目的。从营销策略的角度来说，社会公益是耐克公司的一种营销手段，通过对社会公益事业的不断投入和媒体对此的报道，极大地提升了企业形象，提高了企业知名度，增加了公众对产品的认同感。

案例分析三　耐克品牌成功背后的创新理念：九大原动力铸造经典

耐克公司的总部位于俄勒冈州的比弗顿市，总部大楼是一幢名为米娅汉姆（Mia Hamm）的建筑，耐克运动产品创新的孵化基地——"创新厨房"就位于大楼一层。真正成就上亿美元耐克品牌价值的耐克运动鞋就是在这个厨房里演绎了一个个传奇的故事。耐克虽然以叛逆的精神著称，但也并非对所有的学术理论熟视无睹、置若罔闻。管理大师汤姆·彼得斯铿锵之言"做你做得最好的，剩下的外包（Do what you do best and out source the rest）。"被耐克视为金科玉律，一直奉行至今。众所周知，耐克采用的"哑铃型"的企业结构，哑铃一端是产品研发创新，另一端是品牌整合营销，中间细长部分是产品的生产制造。这种结构在中国被戏称为美女的魔鬼身材。

正如美国《财富》杂志资深研究员加里哈梅尔对耐克研究的分析结论那样，敢冒风险、打破常规、标新立异是耐克公司创造奇迹的重要原因。笔者在探索耐克产品创新的动力源过程中也同样发现，毫无规律就是耐克产品创新的最大规律。

原动力一：奥运受挫，奋发图强

1976年的奥运会上耐克公司的两位合伙创始人菲尔·奈特与鲍尔曼遭受到了公司创立12年来最大的打击。原因是由于公司资金实力有限，他们争取到的唯一一名运动员在进入赛场的前一分钟脱下了耐克鞋。当运动场上高奏凯歌的时候，耐克公司却弥漫着难以言状的悲歌，包括奈特在内的大部分公司员工都沉沦沮丧，那种不是末日胜似末日的凄凉吞噬着耐克员工的斗志。在员工斗志几乎降到冰点的时候，鲍尔曼拍案而起给公司全体同仁做了一次鼓舞人心的"一切为了运动员"的企业理念演说。之后立即专心致力于运动鞋的研究和改进。

从此鲍尔曼就风尘仆仆地穿梭于美国的每一个运动场，抓住每一个体育比赛的机会，尽可能多地收集每一个运动员的意见。不断地反复试制，不断地进行改进，不断地邀请各种不同脚型的运动员进行试穿，直到运动员满意为止，耐克鞋的新产品接连问世，在运动场上的呼声也越来越高，口碑也越来越好。或许是那一次的重创与羞辱，激发了耐克无尽的斗志，奠定了耐克未来发展的基调：产品的研发与创新必将一直成为公司发展战略中的重中之重。三年后，耐克公司推出第一双配备先进Nike-Air避震科技的Tailwind跑鞋，同时也拉开了NIKE运动服饰品牌行销的序幕。

原动力二：家门受欺，收复失地

1980年200万股NIKE股票公开上市，NIKE运动研发实验室在新罕普夏州的艾克斯特市成立。该年员工人数增至2700人，营收2.69亿美元。1981年NIKE选手Alberto Salazary在纽约马拉松赛上改写世界最好成绩，此时保罗·菲尔蒙在美国本土创办了一家名叫锐步（Reebok）的运动鞋公司。锐步以黑马姿态横空出世，推出了设计新颖、势头强劲的运动鞋，成功地席卷了部分市场。到了1987年，锐步更以9.91亿美元的销售额，30%的占有率，一举登上运动鞋市场盟主的宝座，NIKE则以5.97亿美元的销售额，18%的占有率屈居其后。为了反击锐步的家门挑衅，NIKE痛定思痛不惜血本在新产品的研发设计上投注了巨额经费，最引人称颂的经典产品则是80年代末的"气体鞋"（The Nike Air Shoe）。耐克再一次坚定了产品持续研发创新的核心主策略。

原动力三：言行一致，全力以赴

为了寻找更具市场竞争力的跑鞋，到2005年为止耐克雇用的研发人员已经突破3000人。其中许多人具有生物力学、实验生理学、工程技术、工业设计学、化学和各种相关领域的学位。耐克公司在产品研发创新过程中非常注重设计与实际的结合，所以还特别成立了研究委员会和顾客委员会，其中有教练员、运动员、设备经营人、足病医生和整形大夫，他们定期与公司见面，审核各种设计方案、材料和改进运动鞋的设想。在研发经费的投入上耐克足以让中国本土的运动用品企业汗颜。估计即便在2005年，很多中国运动鞋制造商的研发投入还不到1981年耐克400万美元的水平。人员、资金的到位成为耐克产品研发创新的护航动力。

原动力四：积极仿效，捷径进取

创新是旧元素的新组合。暂时找不到新的组合就借鉴他人。耐克毫不讳谈在企业发展过程中对德国品牌阿迪达斯的学习与仿效。然而耐克并没有在产品的设计本身追随德国人，耐克自信地认为，自主研发设计的产品却是值得德国阿迪达斯所借鉴的。

原动力五：企业文化，焕发灵感

耐克公司的两位合伙创始人奈特与鲍尔曼一早就把"体育、洒脱、自由的运动精神"作为耐克独特的企业核心文化，并不遗余力地推进与执行。耐克公司鼓励设计师们从各个领域寻找创作灵感，并根据工作需要不定时地安排设计师们到世界各地度假旅游以汲取灵感。从爱尔兰风格的建筑，到斯特拉迪瓦里家族制作的小提琴上的圆弧线，无所不包。

原动力六：仿生哲学，大放异彩

自然界是最大的灵感宝库，自然界充满着神秘与奇幻。耐克公司的设计者们在自然界的生物身上寻觅到一个个令人兴奋的惊喜。乔丹系列球鞋的设计者之一 Tate Kuerbis 最引以为豪的是成功地设计出乔丹19代（Air Jordan XIX）。乔丹19代是从非洲一种最毒的蛇身上汲取了设计理念，这便是黑曼巴蛇，它是世界上毒性最强且速度最快的蛇。它能以高达19公里的时速追逐猎物，人一旦被它咬伤，死亡率几乎是100%。可以说耐克在仿生设计方面达到了登峰造极的至高境界。

原动力七：材料革命，挑战自我

耐克让人敬佩之处还在其常常向自己发难以寻找内发的创新推动力。首席设计官约翰·霍克希望通过不断的制鞋材料创新，让制鞋业成为可持续发展的绿色工业：即制造运动鞋不再使用传统橡胶、胶粘剂、塑料以及其他有毒材料。由于不断创新，耐克的设计人员突破性地设计出了 Nike Air 和 Nike Shox 等全球领先的气垫运动鞋。耐克在材料上引发的绿色风暴又将成为其产品创新的革命性推动力。

原动力八：主动出击，引领消费

有时候耐克在产品创新上也会遇到是不是该停下来的困惑。因为在创新过程中会不断遇到盲点，即我们新设计的产品是不是消费者所需要的，或者消费者事前并不会主动要求该项新产品。耐克一直持续不断地深度了解消费者的需求、生活形态及渴望，将不明确的消费者需求发掘出来，走在消费趋势前端，以消除自身产品创新的疲劳，保持强劲的创新活力。

原动力九：敏感触觉，事件创新

当阿迪达斯公司向外界公布了世界上首款具有计算机芯片的"Adidas1"跑鞋时，耐克公司立刻启用"Nike Free"运动鞋参加这场技术角逐。这款运动鞋的设计灵感来源于非洲肯尼亚的赤足运动员，他们的经验证明，赤足训练可以增强体力、提高比赛成绩。与此同时，耐克公司还在继续完善自己的减震技术——这是一种首先为跑步者开发的特殊缓冲系统。

一个又一个的创新动力源让耐克由成功走向辉煌，尽管2005年8月欧洲最大的体育用品制造商阿迪达斯完成该行业史上的最大收购——斥资30亿美元收购美国锐步公司，但耐克坚信挑战只会让耐克更加成为耐克（Nike，希腊女神名，代表胜利）。

【案例思考题】
1. 如何看待耐克品牌的成长历程以及给我们的启示？
2. 在经济全球化背景下，中国的体育用品企业如何提升自身的核心竞争力？
3. 中国怎样才能实现从"中国制造"到"中国创造"？

第三章 体育市场经营策略

一、知识训练

(一) 基础知识训练

1. 填空题

(1) 现代市场营销学一般把一个整体产品分解为三个层次，即_____、形式产品和_____。

(2) 营销学中的"4P组合策略"中"4P"是指产品、____、____、____。

(3) 产品组合的三因素是产品线的宽度、产品线的深度和_____。

(4) 体育市场经营策略是目标市场策略、市场细分策略、市场经营组合策略、_____策略、定时策略等的有机协调组合，将这些策略互相联系，为共同的目标服务即市场经营的策略。

(5) 一般根据销售额和利润额变化情况，把产品的整个生命过程分为介绍期、_____、成熟期、衰退期。

2. 判断题

(1) 某运动饮料企业最近兼并了一家运动服装生产企业，这种市场发展策略又叫同心性多样化发展策略。（ ）

(2) 品牌是一个包括许多名词的总名词，它既包括品牌，也包括商标。（ ）

(3) 一些历史悠久、长久不衰的体育项目如太极拳、瑜伽等也存在明显的产品生命周期的划分。（ ）

(4) 对处于成长期的产品可以采取进一步的市场细分，选择新的目标市场的策略。（ ）

(5) 由于新技术、新材料、新工艺的使用，产品的市场生命周期越来越长，自然生命周期越来越短。（ ）

3. 选择题

(1) 下列属于地理价格策略的一项是（　　）

A. 生产地价格策略　　　　　　　　B. 统一运送价格策略

C. 明码实价策略　　　　　　　　　D. 地域性价格策略

(2) 在产品生命周期中，丰厚的利润一般在（　　）阶段开始出现。

A. 介绍期（试销期）　　　　　　　B. 成长期（畅销期）

C. 成熟期（饱和期）　　　　　　　D. 衰退期（滞销期）

(3) 产品在下列哪个阶段其销售额和利润均达到最大值，并开始下降（　　）。

A. 介绍期　　　B. 成长期　　　C. 成熟期　　　D. 衰退期

(4) 延长产品的生命周期是经营决策中的一项主要内容，其主要方法有（　　）（多选）

A. 开拓新市场，寻找新顾客

B. 开辟新用途

C. 改进产品

D. 改进推销方法，增加原有市场的销量

(5) 下列属于开发新产品策略的有（　　）（多选）

A. 独立研制

B. 引进先进技术

C. 对现有产品进行改进和模仿

D. 利用各种力量，进行技术合作

4. 名词解释

(1) 产品

(2) 产品的生命周期

(3) 产品组合

(4) 品牌

5. 简答题

(1) 简述目标市场三种策略及其特点。

(2) 简要说明体育新产品的概念及种类。

(3) 简述市场细分的意义。

(4) 简述体育产品处于成长期时应采取的营销策略。

(二) 案例分析训练

案例分析一 品牌的力量

"假如可口可乐的工厂被一把大火烧掉，全世界第二天各大媒体的头版头条一定是银行争相给可口可乐贷款。"这是可口可乐人最津津乐道的一句话，这就是连续9年排名"全球最佳品牌榜"榜首、品牌价值高达700亿美元的可口可乐的底气。

2008年12月，石家庄市中级人民法院受理了对三鹿集团进行破产清算的申请。三鹿集团净资产为负11.03亿元，已严重资不抵债。然而，在2009年3月4日上午举行的拍卖会上，北京三元集团却以6.1650亿元成功拍得三鹿资产。对于这样一家资不抵债的企业，收购它的理由无非也就是它的附加价值，在这里边，品牌占了相当大的比重。即便是像三鹿这样声名狼藉的品牌，还仍有不可磨灭的价值，品牌的力量令人震撼。

事实上，从广告教皇大卫·奥格威提出品牌形象论开始，世界各地的营销策划人对品牌的追捧就没有停止过。直到今天，品牌仍然是营销领域被提及最多的词汇，而中国的情况自然也不例外。现在社会各界都在谈品牌，企业希望把自己的品牌做起来并且做好，媒体也在传播各种品牌理念，到底品牌的魅力何在，力量何在？

品牌的力量可以带来惊人的品牌价值。企业做产品，有产品的价值；做品牌，也有品牌的价值。产品可以贩卖，品牌也能贩卖。可口可乐的品牌价值高达700亿美元，IBM的品牌价值达到了600亿美元，而民族企业海尔和联想的品牌价值也分别达到了800亿和700亿人民币。

品牌的力量带来商业优先机会。来自成熟市场的经验显示，在一个行业里，消费者最多只能记住7个品牌，而排名第一的品牌利润是第7名的7倍！在欧美，人们提起复印机的第一反应就是理光，即使是总体实力远超理光的惠普和爱普生也不能改变其地位。可以想象，理光的代理商、运营商获得多少超乎其他品牌的商业优先机会。

品牌的力量带来价值链增值。这是一个渠道为王，决胜在终端的商品时代。对于企业来说，不可能从品牌到生产到渠道再到销售都做到面面俱到。拿体育用品巨头耐克来说，目前其在亚洲拥有600多家合作的代工厂，在中国大陆的渠道主要交给百丽、达芙妮等本土品牌。为何厂家愿意生产耐克鞋、众多品牌愿意代理耐克鞋？因为耐克品牌带给他们非同一般的利润价值。

品牌的力量带来坚强的抗风险能力。从2008年下半年开始，一场前所未有的金融风暴席卷全球，各行业都经历了一次大洗牌。但事后我们发现，诺基亚还是那个诺基亚，继续以"科技以人为本"的品牌精神雄踞手机通讯业第一宝座；波导还是那个波导，在中国市场都已不能再呼风唤雨，更不用说在世界范围内和诺基亚、摩托罗拉竞争了。

品牌的力量带来非一般的发展爆发力。品牌力和发展力其实是相辅相成的，品牌力带来发展力，发展力也促进品牌力的提升。在2007年，苹果的品牌力促使其胆敢冒天下之大不韪推出iphone，而iphone的横空出世也让更多的拥趸们对乔布斯顶礼膜拜。其发展爆发力让当初目空一切的诺基亚、摩托罗拉也不敢小觑，苹果得到了远超其他品牌的发展速度。

近年来，从中央到地方，都在提倡全面实施品牌化战略，旨在鼓励更多的民族企业打造自己的品牌，强化品牌意识，在当前世界经济形势中，以品牌赢市场，在激烈的竞争中抢得先机。对于民族企业而言，不创建品牌就是"踩着西瓜皮，滑到哪里算哪里"，而走上创建品牌之路，就像汽车开上了高速公路，随之而来的品牌力量就能让企业飞速向前。

【分析与探讨】

(1) 中国树立品牌产品的难点在哪里？

(2) 可口可乐、耐克、苹果等大品牌同样也出现过质量危机、售后危机等问题，这些知名品牌是如何利用品牌力量保持顾客量的？

(3) 为什么三元公司要收购三鹿品牌？三鹿品牌已声名狼藉，其附加价值在哪里？

案例分析二　李宁品牌之海国图志

李宁能够夺得"十年最佳国际化企业"的奖项，多少有些让人意外，它既没有像华为那样超过半壁江山的海外销售（李宁的海外销售额在2009年只占总销售额的1%），也没有像联想、TCL那样的国际并购。但是"先打造国际品牌，再开拓国际市场"的内延式发展方式，让李宁成为国内体育行业中最具全球视野的品牌。去年，李宁在中国内地的业绩超过阿迪达斯、逼平耐克，更是让许多消费者相信，如果中国体育用品业中能产生一个国际品牌，那一定是李宁。

一、国际化道路曲折却向前

2010 年 7 月，李宁 eBay 海外网店正式上线，首先登陆 eBay 澳大利亚站点和英国站点。其实早在 1999 年，李宁就进行过国际化的尝试，1999 年 8 月，李宁第一次组团参加在德国慕尼黑举办的 ISPO 体育用品博览会，目的之一是与海外经销商接触，以便征战欧洲市场。2001 年，李宁首家海外品牌形象店于西班牙开业。就李宁公司一心要把产品卖向全世界时，安踏、361°等本土体育用品企业高速发展，耐克、阿迪达斯等国际品牌也开始在中国发力，强势占领一线城市。李宁丢掉了市场第一的位置。

在前后夹击的状况下，李宁及时调整方向，重新聚焦于国内市场。2004 年，李宁重新制订战略规划。2005—2008 年，专注国内市场，争取在本土市场的内外夹击中突围；2009—2013 年为国际化准备阶段，着重加强国际化能力；2014—2018 年为全面国际化阶段。"到时预计李宁公司将成为世界前 5 位的体育品牌公司，届时国际市场份额将占总体销售的 20%以上"。李宁公司的 CEO 张志勇说。李宁公司为达到这个目标走的是由内而外的国际化路线，也就是在真正走向国际市场前，首先实现自身能力的国际化，提升创新能力和品牌营销能力。除了在美国波特兰有研发中心，李宁在香港也设有服装研发中心，在北京有运动科学研究中心。这些研究中心的设立，使得李宁的产品从设计到技术，比如衣料的透气性、鞋品的回弹力等，都达到了国际水准。

二、与国际人才体制接轨

李宁还吸引了一大批国际化的人才，打造了一套几乎全部是从世界 500 强挖来的管理层班底。首席产品官来自耐克，CEO 来自戴尔，负责面料开发的则来自阿迪达斯……公司将近 1/3 管理层是外籍人士。而在李宁的设计团队里，有耐克前资深设计师、匡威前全球创意总监何艾伦（Alan Hardy），也有华谊兄弟电影设计道具师麦特·瑞克斯（Matt Rask）。国际化的人才成为李宁走向全球的最坚实基础。

在国际化营销上，李宁公司更是高举高打，引人注目。李宁的代言人一直是国际体育巨星,其中包括大鲨鱼奥尼尔,26次打破世界纪录的俄罗斯女运动员伊辛巴耶娃等。李宁还是西班牙和阿根廷国家篮球队的合作伙伴,2008年奥运会西班牙和瑞典代表团的合作伙伴,职业网球选手联合会(ATP)也是李宁的长期合作伙伴。任何企业在国际化过程中绕不过去的一个问题,就是如何建立与众不同的品牌形象,李宁的答案是东方特色。

2010年,李宁公司进行了品牌重塑,将"灵敏、平衡、耐力、精准"作为自己的品牌特质,张志勇说:"这些是谁也无法从我们手上拿走的东西,也能够让李宁品牌与其他国际品牌形成明显的区别。"具体到产品层面,李宁产品的设计既符合全球化的标准,与全球流行元素紧密相关,但同时又有中国特色,体现东方的运动精神。比如曾获得工业设计大奖的"半坡"鞋灵感来自中国的半坡陶器;而为伊辛巴耶娃制作的专业运动鞋和服装,在尊重美国设计师思路的同时,也采纳了国内设计师提出的代表浴火重生的凤凰图案,更好地用国际的眼光去挖掘李宁品牌本身的东方内涵。从2009年开始,李宁陆续展开了内地、香港和美国设计师的轮训计划。

对于李宁的国际化,联想集团董事局主席柳传志曾寄语"走出去道路将会非常艰难。但是,国际上的道路却更宽广"。对李宁来说,这一切才刚刚开始。

【分析与探讨】
(1) 结合案例分析李宁品牌是怎样追求国际市场和国内市场的平衡的?
(2) 建立品牌概念对一个企业有何重要意义?
(3) 请根据材料分析李宁国际化战略的竞争环境。

案例分析三 耐克的"借鸡生蛋"法

耐克的成功是伴随着社会上对耐克生产策略和运作的激烈争论而来的。在世界经济一体化的现代社会,哪个企业占有广阔的海外市场,它就能立于不败之地。美国耐克公司打破了森严壁垒,使自己的产品畅销到欧洲、亚洲、非洲、澳洲的各个角落,仅仅10年时间,这家默默无闻的小公司,就一跃成为了美国最大的鞋业公司。

耐克公司胜利进军国际市场,有什么秘密武器吗?有,这就是它的"借鸡生蛋"战略。创业初期,耐克公司准确预测到弹性好又能防潮的运动鞋的市场前景,凭借独特的设计、新颖的造型迅速在美国打开了市场。随着公司的壮大,耐克把眼光投向了国际市场,先要打入欧洲市场、日本市场,然后逐

步拓展到全球去。但是，世界市场竞争日趋激烈，各国的贸易保护主义纷纷抬头，关税壁垒高筑，使人寸步难行。耐克鞋价格较高，如果依靠出口进入其他国家市场，本身的高价位再加上各国，尤其是发展中国家的高关税，是很难被这些国家的顾客接受的。

那么，如何解决这一难题呢？不难发现，耐克没有自己的厂房，也从不设厂。所谓"借鸡生蛋"，就是利用"耐克鞋"这张名牌与各国谈判建厂，依托各国当地的廉价劳动力和材料物资，运用耐克的精美设计和先进技术生产耐克鞋。这样，一可以避开"进口商品"这一关，躲过高关税的限制；二可以用本地原料、劳动力，又省了远洋运输的费用，成本自然就降低了，价格便能适合该国人民的承受力。

而耐克公司的经理们只是集中公司的资源，专攻附加值最高的设计和营销，然后坐着飞机来往于世界各地，把设计好的样品和图纸交给劳动力成本较低的国家的企业，最后验收产品，贴上"耐克"的商标，销售到每个喜爱"耐克"的人手中。

所以，如果向公众说明耐克公司是一家没有厂房的美国公司，它是依靠别的企业为它生产的，人们就会明白"借鸡"的含义了。其实这就是耐克公司的虚拟经营策略。

运用"借鸡生蛋"法虚拟经营，耐克公司先在爱尔兰建厂敲开欧洲市场大门并以此躲过高关税；接着又在日本联合办厂，破除了日本的排外堡垒，打入了日本市场，使耐克鞋风行日本。耐克公司在20世纪70年代末能有这种巧妙构思，不能不令人钦佩。

20世纪80年代之后，为了进一步降低成本，耐克开始向工资水平低、原材料价格便宜、劳动力资源丰富的发展中国家和地区进军。它与韩国、台湾等厂商签订合同，由耐克公司负责设计，签约厂商负责生产，产品贴上耐克公司商标，再销往欧美各地。进入90年代，耐克公司又看好越南等东南亚国家，投资合作建厂，向这些地区推销中等价格的运动鞋，大受第三世界人民的欢迎，就这样，"耐克"一步步地走向了全球。

耐克虚拟化策略还可以更好地满足个性化的消费需求。因为有些顾客的特殊问题的解决，超越一个企业现有的经营能力，如果与其他企业联合起来，就会使问题迎刃而解。从资本关系上看，合作企业并不发生强行联系，而只是处于某种功能性需要，把相互独立的企业以自愿的形式联系在一起，使合作企业达到"双赢"或"多赢"的目的。成功的关键是企业间的相互信赖和"互利共赢"的合作理念,这是"虚拟化"运作的可靠保障。

【分析与探讨】
1. 耐克的虚拟化策略有哪些优点?
2. 运用这一策略的前提条件是什么?

二、技能训练

(一) 产品说明书陈述及写作技能训练

【训练目的】
1. 搜索一份有特色的说明书。
2. 清晰表达出产品说明书的内容,总结归纳出产品说明书的特点。
3. 简要说明选择该产品说明书的理由。
4. 学会如何写说明书。

📖 作品一 卷材型塑胶跑道说明书

一、产品概述

户外人工橡胶跑道是荣获国际业余田径联合会 IAAF 合成橡胶跑道认证,最适合作为训练跑者、慢跑及业余竞赛使用的跑道。

户外人工橡胶跑道以高品质的天然橡胶及人造橡胶为主要成分,上层为经过特殊压纹处理的耐磨层(采用 EPDM 天然及人造合成橡胶),下层为弹性减震层,特别设计的生产机械设备将原料高温加硫成一体成型的运动面层,提供了运动员舒适、耐用、健康的使用环境。

面层厚度均匀,加上表面特殊设计的纹路可有效增加面层的摩擦系数及雨天时的水排放速度,因此适合在各种气候下使用。

底层的弹性多孔隙设计提供了极佳的吸震效果,能降低运动时从地面回弹之反作用,降低运动时肌肉的疲劳累积,加上底层孔隙间几何网状交错的支撑设计,可将运动时产生的力量有效集中,保持选手爆发力,减少运动选手在追求卓越成绩的同时发生运动伤害的可能性。

户外人工橡胶跑道可用于国内外重要田径比赛认证使用场地;各级学校教育

机构田径运动使用场地；休闲健身运动公园慢跑暖身步道。

其产品规格为 10000mm~20000mm×1220mm~1250mm×13mm

二、施工方案

（一）基础施工说明

1. 现场进行放样。

2. 进行挖填方及弃方工程，挖方时如遇土质松软无法达到夯实硬度时，则松软处必须全部挖除，挖方完成后，现有基础上需行夯实，经业主或建筑师认可后方可进行下一项工程。

3. 填夯 15cm 碎石级配料

（1）级配材料要求：必须使土沙质级配，碎石/沙/土，配比含量需要均匀适当。

（2）挖方夯实后，需依 5%~10%泄水坡度施作，确实设定基准点，以作为推土机平实的参考点。

（3）推土机推平后，需用铁轮压路机配合水车不断压夯实，并调整泄水坡度，凹陷处需铺平，凸出处需刮平。

（4）夯实后，土沙泥浆需浮至面层且表面无松软裂痕，泄水坡度平顺。

4. 铺筑 7cm 厚沥青混凝土

（1）必须使用机械铺装，不可使用人工铺设。

（2）先行喷洒 MCI 底油，底油喷洒需均匀。

（3）铺设 4cm 厚粗沥青混凝土并利用铁轮及胶轮压路机确实压实。

（4）粗沥青层铺设完毕后全部喷洒 MCI 粘油。

（5）铺设 3cm 厚细沥青混凝土（不可使用细沙料），并利用铁轮及胶轮压路机确实压实。

（6）所有滚压工程，凡压路机无法压实之处，必须使用震动机确实压实。

（7）细沥青层铺设完毕后，需经试水，并检视泄水坡度是否达到标准，如有积水现象，须使用 PU 材料及平行尺确实铺平，铺平后在行试水至表面无积水，经校方或建筑师验收后方可进行下一项工程。

（8）沥青混凝土面完成后需做厚度、密度、含油量测试，须经 20 天后天然养护让表面油料挥发。

（二）面层施工说明

1. 面层施工前，积水部分必须全部修补完成。沥青面的缺点、灰尘、垃圾、杂物、油渍等需彻底清洁干净。经校方或建筑师验收后方可施工。

2. 将 AC 固化剂均匀搅拌，以镘刀或机械涂施工于 AC 混凝土上，增加 AC 面层强度。

3. 合成橡胶面层施工前，如仍有小部分积水现象，必须使用双液型 PU 经细沙搅拌机搅拌均匀后（约 5 分钟），填平凹处，经 12 小时后即可铺设合成橡胶面层。

4. 合成橡胶面层铺设，其底层与面层皆于厂内生产时经高温加硫一体成型。

5. 合成橡胶面层之宽度为 1.22~1.25m，每卷长度弯道为 15m 以上，以减少施工接缝之问题及提高品质稳定性，面层纹路为毯状型跑道纹路。

6. 在贴粘合成橡胶面层前，先使用 1/8 寸有刻痕之镘刀将足够量的胶着剂均匀铺抹在地面上，再将合成橡胶面层贴上。

7. 当部分区域涂抹胶著剂后，将整卷的合成橡胶面层平整展开，按照涂胶部分依序铺上与地面结合。

8. 施工者检查确定面层边缘接缝是否相互紧密结合，平压使其无空隙。

9. 在重压合成橡胶面层与地面紧密之前，用镘刀将胶著剂均匀薄涂于所有接缝中。

10. 小心检查和擦去因使用过多而溢流出的粘胶，以及填补表面缺缝处。

11. 面层铺设完成后，用砖块或沙袋等重物重压（尤其接缝处要增加重量）至少 12 小时，确定粘着剂都凝结之后，再除去重物，如遇雨，须等水气完全蒸发后才可铺设。

12. 运动跑道与场地依标准喷 PU 漆，以 5mm 画线漆喷画，画线漆之材料需与合成橡胶接着性良好，不龟裂、不褪色、耐磨、抗紫外线。

13. 运动场地画线后，需养护一周至整场沾着层完全反应后方可使用。

三、材质及规格

1. 合成橡胶运动跑道面层的材料以天然及人造橡胶为主要成分，上层为耐磨层（采用 EPDM 及人造合成橡胶），下层为减震层（采用人造合成橡胶），经高温加硫一体成型（不可以胶合替代）。

宽幅 1.22~1.25m；卷长：10~20m；厚度：13mm。

2. 粘着剂：PU粘着剂双液型。

3. 面层颜色及厚度由业主及建筑师决定。

四、资料送审

承包商于施工前需送审下列资料，经业主与建筑师核可后，方可施工。

1. 物性规范测试报告（合成橡胶跑道面层测试报告需由国际业余田径联合会IAAF认可之检测单位通过）

2. 原厂出厂证明文件（须与橡胶面层测试报告内容之生产单位相符）。

3. 样品一块（不小于20cm×20cm）；合成橡胶运动跑道面层粘着剂1~2mm；4cm粗AC料+3cm细AC料；15cm碎石级配料；整地及挖除废土。

【分析与探讨】

这份说明书主要从四个大方面来介绍卷材型塑胶跑道的使用方法，优点是对产品使用和铺设方法描述比较细致和准确，步骤也比较具体，考虑问题也很周到，因为还提到了材料送审这一重要环节。缺点是对于产品在使用和安置的过程中可能出现的问题没有做解释，若加入"使用安置注意事宜"这项会更完善；同时在对使用安置过程中的责任问题也没有明确，比如什么情况下出现什么问题，厂家负担什么样的责任，或是在什么情况下属于施工问题，责任由使用方自行负责等，我认为这算得上是一个比较严重的漏洞。

作品二 超级教练乒乓球发球机

一、商品简介

此款超级教练乒乓球发球机是最新改进款，功能可与乐吉高手2040乒乓球发球机媲美，设有计时器可收费经营，具有独特的投币模式功能，适用于正规俱乐部及娱乐健身场所商业化经营。

二、适用范围

国内外重要比赛前训练使用；各级学校教育机构课程使用；休闲健身俱乐部娱乐使用。

三、产品功能

1. 可发上下左右旋球及各种侧旋混合球。
2. 每分钟发出 17~80 个球。
3. 强力出球速度 4~30m/s。
4. 可上下调整出球的垂直角度。
5. 可随意调整前后左右落点。
6. 可自动回球，免去捡球之苦。
7. 设有计时功能，方便运动场所经营。
8. 出球旋转：36 种。
9. 出球频率：20~120 次/分。
10. 出球角度：定点——全台多点。
11. 出球弧度：40°。

四、产品规格

毛重：10.5kg

包装体积：88cm×42cm×34cm

机身体积：83.5cm×34.5cm×26.5cm

(注：通过直销购买，可获得世界最低价格优惠)

（二）产品品牌标识陈述训练

【训练目的】
1. 搜索一个有创意的体育产品品牌标识。
2. 分析归纳该产品品牌标识的特点。

作品　耐克公司

众所周知，耐克是国际体育品牌中的龙头老大，它的商标设计风格也深受大家喜爱。1971 年蓝带体育用品公司的创办人菲尔·奈特（philkinpht）为了拓展亚洲市场，改善公司的形象，决定为公司改名。老板提出以"六度空间"为名，但被公司职员否定。最后老板便要求职员在规定期限之前提出一个更好的名字，否则就坚持以"六度空间"为名，而这个期限只有12个钟头。全公司唯一的一位全职职员——杰夫·约翰逊，利用两地的时差，拖延3个钟头，挖空心思，绞尽脑汁地想，但是进展并不大，累得打起了瞌睡。喜爱古希腊文学的杰夫在梦里遇到了古希腊传说中掌握胜利的女神nike，梦境中女神给他带来了灵感，于是他提出以nike（耐克）作为蓝带公司的新名字，得到老板的认可。1978年，公司销售额突破1亿美元以后，蓝带体育公司才正式更名为耐克公司，而这个名字，今天则已成为亿万资产的代名词。

至于nike商标那个著名的"钩子"状图形，是花35美元买来的设计——一位亚特兰大设计系学生的创作。现在人们所见到的钩状图形要比原来的细小了许多，但却表达着更强烈的速度感与兴奋感。每一个图像都会影响人的潜意识，当我们看见一个图像时，在意识层面能感知到的是图像的颜色和形状，我们可以说出是什么颜色，可以描述图像的形状，是什么感觉有时无法说清楚。构成图像的是颜色和形状，不同的颜色能给人不同的感受或暗示，不同的图像形状同样令人联想到不同的概念。

当人们需要购买某种产品时，对某产品的信任感，对拥有某产品的自豪感都可能引发人们的购买冲动。为了更好地推广产品，商标或标识除了作为一个符号，更能给人带来有助于实现销售目标的心理暗示，从而影响人的行为。

分析：图像给人的影响存在于潜意识中，潜意识与意识所不同的是，人们在意识领域可以进行逻辑分析判断，如果通过意识层面去影响人的购买行为，人们可能通过逻辑思维给予否定的结果。而发生在潜意识中的影响不会被否定掉，不知不觉地影响着人的决定。

耐克商标的设计理念就是充分利用了图像对潜意识的作用，抓住人们的潜意识，不知不觉打动了人心。这个简单的标志已经深深的印在了每一位喜欢体育的人的心里，大家已经在购买体育用品时会不自觉地想起这个简单的钩子。这个简洁明了的标志会继续席卷亚洲甚至整个世界。

（三）体育新产品开发训练

【训练目的】

1. 自主进行体育新产品开发创意。
2. 陈述其市场前景。

作品一　暑期减肥训练营

活动项目： 暑期减肥训练营

举办目的： 暑期减肥训练营，采用全封闭半军事化的训练模式，以无氧+有氧运动为主，结合国际流行的活力有氧操、户外拓展、心理减肥、提升健康行为方式等，把在室内枯燥、乏味的体力训练转变为一种与友谊、高端、快乐、新颖结合的运动模式，改善参与者的运动体验。现在中国青少年的肥胖率很高，不利于青少年的健康成长，因此利用暑假办训练营，青少年有充足的时间进行系统的训练，再加上适宜的天气，可以有效提高减肥的效果。

注意事项：

(1) 运动量要配合体能状况

体能状况较差时，如何保持脂肪燃烧？答案是调整运动量。根据自己当时的体能状况，增加或减少运动量，科学运动，轻松燃脂，切忌急功近利，超负荷训练。

(2) 运动量视目标而定

若你只是想燃烧体内多余脂肪、加强肌力、增进心肺功能的话，一天进行30分钟到2个小时的有氧运动，每星期3次以上，就足够了。

(3) 循序渐进，运动不过量

运动是否过量，并不在于你多久运动一次，而是你如何运动。如果你的运动经过精心设计，依照你的体能状况，循序渐进，一步步地增加运动量，自然不会有过量的困扰。身体更健康、精力更为充沛之后，生活才会更加多姿多彩。

实施方案： 可采用整体方案、VIP方案、小班方案等多种解决方案，根据不同的减肥者进行具体分析。小班以及VIP方案价格会偏高但效果也会更好，时间定为4~8周。科学研究发现，要想培养出某种习惯，需要4~8周的时间，而我们的最终目的就是帮人们养成合理的运动及饮食习惯，因此将训练时间定为4~8周。每天的训练时间是根据减掉每公斤脂肪所需要消耗的热量来计算的。

发展前景： 在当今社会，人们往往忽视了合理饮食的重要性，导致肥胖率上升，由肥胖引起的疾病发病率也随之上升。当健康亮起红灯后，人们开始重视管理自己的身体，在这种背景下，减肥业也注定会越来越发达。

作品二 "绿色"方便面在北京地区的市场营销计划

方便面作为人们日常生活中被广泛食用的产品，一路走来可谓喜忧参半，一波三折。有人力挺它，说它方便人们的生活；有人反对它，说它危害身体健康。它曾闹过革命，涨过价，也曾做过慈善，救助灾区。总而言之，不管方便面受到多少质疑和猜测，现代人们的生活中总不能缺少它。

最近，第八届世界方便面峰会公布的数据显示，2011年全球共售出982亿包方便面，其中最大的市场在中国。中国大陆的方便面产量约为483.9亿包，占全球的50%。据世界方便面协会统计，方便面已经成为仅次于面包的第二大工业化生产的主食产品，消费者对方便面的需求逐渐增加。联合国粮农组织和世界粮食计划署报告显示，到2009年，全球饥饿人口已突破10亿，30个国家需要紧急援助。据推测，2050年世界人口总数将达到100亿，即地球承载的极限，更大范围的粮食危机将会到来，也就是说方便面还将肩负着人类温饱的重担。

快节奏的生活使人们饮食习惯趋向快捷化和方便化，随着人民生活水平的提高，消费者对于方便面口味、营养及安全性的要求也越来越高，这种旺盛的需求加快了方便面的市场细分以及改进。

本次策划的方案意在促进现有的方便面市场更加活跃，改进其单一、落后的营销方案，并在北京市实行策划营销方案。

一、市场状况分析

方便面是通过对切丝出来的面条进行蒸煮、油炸，让面条形状固定，一般成方形或圆形的面饼，食用前以开水冲泡，并溶解调味料，在规定时间（不超过4分钟）内便可食用的即食品。在食品专柜，各品牌方便面琳琅满目，有油炸方便面、非油炸方便面；有袋装、碗装、杯装；还有杂粮非油炸方便面、玉米方便面、方便粉丝等等。在冷藏柜中，很多包装精美的生鲜面、冷冻面、保鲜湿面吸引了很多消费者的眼球，其中一部分消费者表示，像生鲜面、冷冻面、保鲜湿面这样的方便食品才真正能让生活在快节奏下的老百姓品尝到传统手工面的美味。目前，超市中的油炸方便面与非油炸方便面占到方便食品的60%~70%，杂粮方便食品、方便粉丝占有率在15%左右，保鲜湿面、生鲜面、冷冻面系列占到 20%左右。伴随着全球化进程的加快和生活节奏的提高，方便面这一既能快速充饥又富含营养的美味食品越来越受到都市上班族和青少年朋友们的青睐，尤其是在北京这种大都市，方便面更是必不可少的。而"绿色"的方便面更会受到人们的青睐。

二、4p 分析

1. 产品的组合

(1) 食材改进：在保持方便面以冲开水为前提的情况下，还要注重对人身体的功效，在市场上现有的非油炸面的基础上，可以推广荞面、莜面、高粱面、玉米面、青稞面等一系列杂粮方便面，在北京地区可以吸引一大批消费者，因为他们更在意食物的健康。

(2) 包装、外观、式样：现在市场上的包装多以红色和黄色为主，各式各样，在本策划案中，要在每个包装袋上增加更多更丰富的温馨提示语言，例如，缓解腰酸背痛的动作、健康小常识等，让消费者在吃面的闲暇时间能够收获相关的健康知识。同时，增加儿童方便面，少女瘦身方便面。儿童方便面可以增加更多的营养成分，少女方便面以杂粮为主，可以美容养颜，又不增加脂肪，可以满足不同消费者的需求。

2. 定价的组合

(1) 基本价格。市面上主要的方便面的价格如下：

	价格			味道	重量	
统一	1.2元	1.8元	3.5元	酸，辣，香菇	70克	110克
康师傅	2.2元	3.5元		辣，牛肉	90克	115克
华龙	1.8元	4元		红烧排骨	75克	109克

本产品价格比其他品牌的价格偏高，因为多以健康的谷物为主。消费群多面向年轻人和注意养生的人群，主打绿色健康。

(2) 折扣价格。在节假日，可以进行折扣优惠，刺激消费。

3. 分销的组合

分销渠道多以大小型超市为主，同时也可以走进校园、写字楼的小商铺。

4. 促销的组合

（1）广告推广。市面上有各种品种和口味的方便面，竞争很激烈，想要立于不败之地，一定要有自己的特色。首先，绿色方便面主打健康，避免油炸，还人们健康的生活方式；主打中国传统口味，探求朴实的味道，令人回味长久。还要以年轻人为主要对象，在繁忙的工作之后，一杯热气腾腾的健康的杂粮面摆到你的面前，给人以激励和健康向上的感觉。

（2）人员推销。利用网络互动，召集年轻人为该产品做宣传。单身青年和学生群体消费欲望最高，这可能与他们工作与学习较为繁忙有关；女性消费的方便面更注重养生与健康，一定要侧重细节。

（四）体育市场分析训练

【训练目的】

1. 进行体育市场细分。
2. 陈述所细分市场的发展前景。

作品一　运动品牌抢滩女子细分市场

日前，安踏女子运动系列新品上市，正式昭告安踏将加速进军女子细分市场。事实上，这并非安踏第一次对女性细分市场投以关注。早在 2009 年，安踏即签下扬科维奇、郑洁女网双娇，以网球这项时尚性颇高的运动为起点，带动安踏在女子运动市场的渗透。今年，安踏再度抢滩女子运动的细分市场，则是这一战略的延续与深化。

女性市场释放巨大潜能

安踏副总裁张涛表示，随着经济发展和生活水平的提高，女性对健康生活方式的理念亦在提升，这将进一步释放出女性细分市场的巨大潜能。

而细分女子运动市场不是安踏的专利，不少企业都已投入到这块市场的争夺中。据了解，今年李宁请来了林志玲为旗下"Inner Shine"系列代言，卖点是优雅运动中的独特美感。另外，耐克也推出 2011 年春季女子训练系列，阿迪达斯推出2011年夏季女子校园先锋系列,361°推出"航海日志"女子生活运动系列产品等。

体育用品市场增长快速

业内资深人士黄先生认为,女性的消费习惯与男性有着天壤之别。女性更青睐于室内运动等轻量运动方式,反映在零售终端,则是女子运动系列产品必须兼具时尚特性与专业性能,不仅配色要更贴近国际流行色,面料要选用轻软飘逸的弹性材质,吸湿排汗、温湿度控制等指标也成为必须考虑的科技门槛。

该人士还指出,目前国内体育用品市场日趋饱和,各大运动品牌纷纷通过细分市场的战略,进一步提升品牌的市场渗透率和占有率。而另一方面,国外大牌Adidas和Nike纷纷抢滩女子细分市场并获得成功,给国内企业带来很大的触动,于是国内运动品牌纷纷抢滩女子市场。未来,女子细分市场的竞争将不断升温。

数据显示,去年中国体育用品行业占国内生产总值的比例仅为0.3%,与发达国家水平相差甚远。预计到2012年,中国体育用品市场的规模将增至1312亿元,复合年增长率为26%;时尚体育用品市场的收益将高达354亿元,占整个体育用品市场的份额将由17%升至27%。另外,根据国家体育总局的"全民健身计划",到2020年,全国将有40%的人口积极参加各类体育活动。所有这些因素,将会推动国内体育用品市场在未来多年内继续保持高速发展。

作品二　论幼儿拓展训练培训市场前景

拓展训练英文为Outward Development,又称外展训练(Outwardbound),原意为一艘小船驶离平静的港湾,义无反顾地投向未知的旅程,去迎接一次次挑战,去战胜一个个困难。拓展训练经过几十年的发展,已经逐渐形成一种和传统的灌输式教育模式相辅相成的体验式教育模式。训练内容已经涉及现代企业管理的各个领域,将各种深奥的管理理念和理论,通过各种有趣的游戏、身体的磨砺等亲身感受方式予以表述和体现,通过培训师的导引和讲解,让参训人员在解决问题、面对挑战的过程中达到"磨炼意志、开发潜能、熔炼团队、完善人格"的目的。而对于身体和心理素质都不成熟的幼儿,拓展训练又有着重要的意义。虽然幼儿参与拓展训练的方式、目的完全不同,但这并不能掩盖家长们对于提升孩子潜能的需求。

一、幼儿拓展训练培训市场的界定

1. 幼儿拓展训练

为了开发幼儿的思维反应和团队意识等不同方面的潜在能力，针对这个年龄段儿童的智能水平、心理状态，设计出一套区别于成人拓展训练，专业性与趣味性相结合，同时具备较高安全性的拓展训练课程，应用于幼儿教育的训练项目。培训对象为 7 岁以下的学前儿童，性别不限（通常为幼儿园的在读儿童）。

2. 目标消费群体

有意提高孩子潜能的家长、幼儿园（可签约合作）及其他有此需要的人士为目标消费群体。

二、幼儿拓展训练培训市场的现状

目前市场上的拓展训练培训机构从事的主要都是企业团队、成人和青少年的培训，从事幼儿拓展的培训机构则难见其踪——根据网络检索可找到的从事拓展训练培训的机构中绝大多数都未将学龄前儿童纳入培训对象范围中。就宣传及从事该项目的企业数量而言，幼儿拓展训练培训市场是拓展训练培训中的一个盲点（具体数据还未详细统计）。

三、幼儿拓展训练培训市场的经营方式

1. 所需人力

幼儿拓展训练除了需要相应的管理、财务、市场、销售等方面的人才外，还需要专业拓展训练培训师——除了需要具备拓展训练培训技能外，更需要知晓幼儿生理及心理特点，并具备优良的沟通技巧。

2. 所需物力

需要常用办公器材、场地，及根据所进行的项目配备相应的器材。不同于成人拓展训练广泛的场地、器材选择，幼儿拓展训练所使用的器材应以安全因素为重，不能完全使用已在成人拓展训练中得到广泛使用的器材。

体育市场营销学实训指导

3. 所需财力

培训前期需要有充足的资金投入，具体数目取决于企业的规模和定位。

四、幼儿拓展训练培训市场的前景分析

随着人才竞争的日益激烈，社会对于人才的要求也水涨船高。为了能让孩子健康成长，家长们也越来越重视孩子在各方面潜能的开发——现有的拓展训练培训模式虽能在青少年时期满足家长的这一愿望，却不能在孩子的幼儿时期起到相应的作用。针对这一潜在需求，建立一个专门以幼儿拓展训练培训为主要项目的机构则会成为这一领域的第一。

综上所述，我认为体育培训中的幼儿拓展训练培训市场是一个极具潜力的新市场。

作品三　"校园足球"比赛的组织代理

体育市场细分，是指根据消费者购买习惯和购买行为的差异性，把某一产品市场分为若干个子市场，每个子市场满足具有相同需求的一个消费者群体。

现在的体育赛事组织策划主要包括，职业足球比赛、预备队联赛、国家队各年龄段的热身赛、青少年业余联赛、国内和国外的商业赛事、校园比赛、民间业余足球比赛等。

其中前面几项赛事的承办资源基本上被中国足球协会和国家体育总局下属的足球运动管理中心等政府组织或一些有着政府背景的体育赛事公司所把持和垄断。由于国内的足球环境的不断恶化，政府手中握有的赛事资源的经济效益也在不断地缩水。

而校园比赛和民间业余足球比赛的市场几乎可以称为一块处女地，开发潜力巨大，似乎绝大多数赛事公司或企业还没有完全意识到这方面的发展前景。

在足球运动发达的国家，最被看好和最具发展前景的恰恰不是我们平日所想象中的职业足球，而是业余草根比赛。就拿亚洲足球发展最为规范和迅速的国家来说，日本和韩国给我们树立了很好的榜样。在日本和韩国，人们并不十分关注他们的足球联赛，从平时的电视转播画面可以看出，每周日观看足球比赛的观众十分有限。相反，民间自发组织的业余比赛，小学、高中和大学组织的学生足球

比赛，却是最为吸引人和受人们、家长重视和热衷的。

相比之下，我国学校足球比赛的开展，可以说困难重重，产生这种局面的原因有很多，这里不作过多的分析。但是可喜的是，由于国家领导人开始重视足球运动的开展，大家意识到校园足球才是发展足球运动的根本保证。因而从去年开始，在全国已经开展了校园足球活动，但是在组织和策划方面还存在诸多的问题。

如果专门成立一个代理校园足球比赛活动的管理服务机构，或许会使得各个方面都取得利益的最大化。

而作为一个赛事组织策划管理机构，应该将校园足球比赛的各种因素考虑全面，进行综合分析，从而准确掌握服务对象的想法和要求，起码要负责各个学校足球队参赛时的住宿、往返交通、餐饮、运动装备、训练场地安排等方面的服务。

细分市场因素组合如下。

地区：北京、天津、青岛、成都、武汉、上海等。

学生组别：小学组、初中组、高中组、大学组。

比赛类型：五人制足球比赛、七人制足球比赛、十一人制足球比赛。

性别：男生、女生。

住地：城市、郊区、农村。

比赛地区：东部、南部、西部、北部。

综合考虑以上的市场因素，其中又可以细分出 6×4×3×2×3×4=1728 个细分市场。赛事组织机构可以根据经济实力和相应条件，选择自己所要开发的那些目标市场。其实哪怕是很小的一个细分市场，只要立志于做好、做强、做大，它的发展前景将非常美好和可观，将为校园足球联赛进行规范化运作提供专业化的平台，为商业赞助的介入提供根本性的保证。

系统的策划和专业的运作，致力于打造校园足球的赛事品牌，对赛事机构来说具有可观的经济效益，对中国足球来说是精心打造一个培育庄园。

（五）体育目标市场分析训练

【训练目的】

1. 掌握目标市场的基本策略。
2. 分析一些体育企业的目标市场策略。

作品一　耐克的差别性市场策略

耐克公司拓展市场的首要突破口是青少年市场，这一消费者群体有一些共同的特征，热爱运动、崇敬英雄人物、追星意识强烈、希望受人重视、思维活跃、想象力丰富并充满梦想。针对青少年消费者的这一特征，耐克相继与一些大名鼎鼎、受人喜爱的体育明星签约，如乔丹、巴克利、阿加西、坎通纳等，他们成为耐克广告片中光彩照人的沟通"主角"。当耐克公司在青少年市场和男性市场上牢牢站稳脚跟后，转而集中火力进攻女性市场。

耐克公司在市场细分方面下了大功夫，有耐克跑步、耐克网球、耐克休闲、耐克高尔夫、耐克篮球、耐克足球等等非常明确的细分市场，从而也吸引了更多的消费人群。耐克公司针对不同爱好、不同性别、不同收入水平的消费者推出不同系列、不同价格的产品，并采用不同的广告主题来宣传这些产品。

耐克公司所采用的是典型的差别性市场策略，企业把整体市场细分为若干分市场，针对不同的分市场涉及不同的产品，制定不同的销售策略，满足不同消费者的需要。采用这种策略的优点是能满足各种消费者的需求，有利于扩大和占领市场，提高企业信誉。缺点是产品品种增多，价格、销售手段、销售渠道多样化，增加管理难度，提高生产成本和销售费用，使企业的资源配置不能有效集中。

作品二　泡泡糖的目标市场

A公司在泡泡糖市场中处于垄断地位，B公司欲进入这一市场，因此B公司成立市场开发部，研究A公司产品的不足，以寻找市场空间。经过周密分析，终于发现A公司产品有以下不足：（1）以成人为对象的泡泡糖市场正在扩大，而A公司仍把重点放在儿童身上；（2）A公司产品口味单一，而市场需求要求多样化；（3）A公司生产条状泡泡糖，缺乏新样式；（4）A公司产品价格出现零头，顾客购买不便。

B公司针对调查结果，开始建立自己的目标市场，并制定相关的营销策略。

【分析与探讨】

(1) 你认为B公司如何发现市场机会？

(2) 你认为B公司应该把目标市场选择在哪里？

(3) 如果你负责B公司的营销管理，你将怎样制定目标市场策略？

（六）体育市场发展策略分析训练

【训练目的】
1. 掌握体育市场发展策略的基本特点。
2. 分析一些体育企业市场发展策略的特点。

作品一　李宁公司市场发展战略

一、品牌战略

2007年4月李宁推出"新动（Z-DO）"品牌，剑指中低端市场。"新动"涉及鞋、服装、配件，针对超市渠道，已经进入家乐福、上海华联、易初莲花等多家大型超市，零售价100~300元人民币。"新动"品牌以全球品牌网，借助李宁公司在外包生产、产品设计、品牌营销、产品分销等方面的优势及经验积累，用较低价格来阻击晋江系运动品牌的崛起，通过多品牌策略，扩大公司的市场占有率。

二、产品开发战略

在产品开发方面，李宁公司建立了亚洲一流的产品设计开发中心，引进了国际先进的开发管理机制，并聘请了国内外一流的设计师、版师，以及专业的开发管理人才，加强市场调研和设计开发力量，以逐步提高产品的科技含量和整体品质，增强品牌的竞争力。

三、合资经营/合作经营

李宁公司在产品链的前端研发阶段施力，2004年分别与美国EXETER研发公司和R&D设计事务所合作，致力于李宁运动鞋核心技术的研发和设计工作。2004年11月，香港设计研发中心（李宁体育科技发展有限公司）成立，集中负责设计李宁牌服装产品。2005年年底，李宁公司在合资经营上终于迈出了新的一步，与法国户外运动用品AIGLE品牌建立合资公司，双方各持50%股份，合资公司拥有AIGLE在中国50年的专营权。直到2007年4月才开始推出旗下第一个子品牌"新动",这是一个平均价位在200元左右、针对中低端市场的品牌,主要销售渠道是超市卖场,以此拓宽李宁产品的渠道覆盖和消费人群覆盖面。

四、兼并与收购

2007年11月15日,李宁公司发布公告,宣布斥资3.05亿元收购乒乓球器材制造商上海红双喜集团有限公司57.5%的股份,该公司拥有著名乒乓球品牌"红双喜"。 李宁通过控股收购红双喜,为自己介入与主业密切关系的业务之时,也为企业增加了一个新的利润,增长来源,增强了企业的实力。通过这样的资本运作,李宁公司除了进一步拉开与二线品牌的距离外,也有效防止了二线品牌通过自身发展、收购等对其在乒乓球、羽毛球等领域产生冲击——增加了一项领先的业务,增加其在体育器材方面的影响力,巩固了其中国第一品牌的地位。

五、国际化战略

1. 赞助国外运动队和国外运动员塑造国际化品牌形象,以"品牌优先国际化的市场战略"冲刺2008!
2. 在产品开发方面,李宁公司聘请了意大利、法国、韩国的一流设计师、版师,以及专业的开发管理人才,加强市场调研和设计开发力量。从此,"李宁"系列产品,从T恤衫到运动背包,都注入了一种更活泼的风格。
3. 立足本土的国际化。

六、人才战略

2002年底,李宁公司确立了公司走体育专业化的战略发展道路,而要实现体育专业化的发展战略,首先需要的资源便是企业的人力资源。而体育用品行业是一个快速发展的新兴行业,缺少大量的专业管理人才,行业的人才大环境,成为制约李宁公司人才引进的瓶颈。李宁公司从长远出发,成立"学习与发展中心(Learning/Development Center,简称LDC)" 以在企业内部快速培养人才,系统提高公司核心能力。坚持提拔和培养核心人才,培养国际化的经营管理团队,为企业战略实现做人才保障。

【分析与探讨】

1. 李宁公司是在实践与探索中，形成了一套适合自身的战略规划模式和管理体系，使公司组织运作顺畅无阻，战略执行果断快速。

2. 整合营销能力得到显著提升，形成了以营销为核心的市场、产品、零售的组合式营销能力。

3. 高科技和时尚元素是李宁产品逐渐得到认可的重要因素。

4. 李宁紧紧地把握住了市场机遇，透过完成收购红双喜及与意大利知名运动时尚品牌 Lotto 达成为期 20 年的特许协议，李宁的多品牌组合进一步加强。

作品二　耐克公司的密集性发展策略

在选择目标市场的同时，就要研究和制定进入目标市场并谋求进一步发展的策略，这些策略叫作市场发展策略。体育市场发展策略一般有密集性发展策略、一体化发展策略、分散性发展策略和逆向发展策略等。

现就其中的一个市场发展策略进行简单的分析。耐克公司执行密集性发展策略。密集性发展策略是集中力量在现有市场或现有产品上发展的策略，其中包括市场渗透策略、市场开发策略和产品开发策略。

NIKE 公司旗下有两个系列，一个是 NIKE 主打运动系列，另一个是涉及时尚生活领域系列的 NIKE 360。

市场渗透策略就是在现有市场上采取积极措施，增加现有产品的销售。在商场中 NIKE 和 NIKE 360 的产品随处可见，销售点非常多，而且广告在大街上、地铁里随处可见，绝大多数的广告都是大幅的海报，产品的宣传工作做得很到位，并且时不时地进行打折促销，对上市很久的产品或即将过季的产品进行打折。这有利于刺激消费者的购买欲，向现有顾客多销售产品。价格的优惠和商品推广工作的到位，再加上售后服务的完善，这样会把顾客从竞争者手里一点点抢过来。NIKE 公司有时会在体育院校里进行试穿赠衣活动，前段时间在本校 NIKE 公司请同学试穿衣服，拍摄宣传照片，请同学谈谈穿后的感觉，这都有益于吸引从未用过该产品的顾客。

市场开发策略是通过各种措施，把产品推销到新的市场上的策略。NIKE 公司从最开始在中国的大城市开设店面到现在店面遍布全国，销售区域扩大了许多。

产品开发策略是向现有市场提供新产品或改进产品及新的服务的策略。NIKE 总是不断有新的产品涌出，就鞋来说分为很多系列。

NIKE 运动鞋主要包括篮球鞋 Flight、Force、Uptempo 三个系列；足球鞋 Total 90、Mercurial Vapor 两个系列；Air Max 360、Air Max、Shox 等跑鞋系列；Air Zoom Vapor 网球鞋系列；Dunk（Low, Mid）、Air Force 1 （Low, Mid, Hi, Premium）、Terminator（Hi, Low）、Cortez 复古鞋系列，以及 Dunk SB 板鞋系列。

NIKE 板鞋有 nike air force 系列、nike dunk 系列、SB 系列、BLAZER 系列和 ACE 系列。

值得一提的是 NIKE 篮球鞋的三个系列随着时间的不同，设计生产不同的产品，这种产品的不断开发会促使更多的消费者前来购买。

（七）体育市场策略制定训练

【训练目的】
1. 加深对进入体育市场策略重要性的认识。
2. 分析一些体育企业进入市场策略的特点。
3. 讨论进入体育市场的方法策略及其应用。

作品　拓展我国体育传媒市场

一、加强深度报道，避免体育传媒的庸俗化

体育传媒应当集中精力建设好一支专业化极强的采编队伍，做好报道深入、分析精辟独到的大文章。

二、加快体育比赛电视转播产业化进程，拓宽转播比赛的种类

增加体育比赛电视转播不仅可以为媒体带来巨大的经济效益，而且可以成为刺激观众对体育关注的关键点，对体育产业的发展百利而无一害。

三、拓展内容开发新领域

除了重视传统的内容，如体育新闻、足球、篮球、排球和围棋等传统体育项

目，应当重视开发体育休闲、体育娱乐、体育用品等与体育产业有较高关联度的产品。

四、开展不同形式和不同层次的合作

开展合作，既有传统媒体诸如体育报纸、体育杂志、体育书刊、电视台体育频道等之间的合作，也包括与新兴媒体（互联网和手机短信等）之间的合作。相互取长补短，加快体育信息的网络化传播，有利于搭建起新的发展平台。另一方面，国内的体育传媒也应当随时准备与国外的优秀体育传媒展开合作。

五、加快培养和造就高素质体育传媒人才

中国传媒与发达国家传媒的差距，归根到底是人才质量上的差距。当前，必须根据全球化的需要，立即着手制定和实施人才战略，培养国家急需的紧缺型传媒人才，如培养熟悉多国文化、掌握多种语言、尊重各国差异的传媒人才；培养既懂体育新闻传播，又懂体育管理和体育法规的复合型人才；培养既懂计算机网络又懂新闻业务的网络传媒人才。

（八）体育市场经营策略制定训练

【训练目的】
1. 学会制定市场经营策略。
2. 搜索一份企业市场经营策略并进行分析。

作品一　安踏品牌

安踏旗下的一系列产品包括成人运动品、安踏时尚鞋类、安踏童装三大品类，形成一个较为完整的运动产品群集。童装品类使得产品覆盖年龄段大大增加，并为安踏成人产品储备潜在的品牌忠诚者；而时尚类品类则将运动元素与时尚元素相互融合，为喜欢运动又追求新潮的时尚达人提供个性的运动装备。

这其中蕴含了"多品种的经营"策略。这种策略的好处是风险少。当一些产品亏损时，可从另一些产品中得到补偿；有利于综合利用企业资源；有利于扩大销售，产品品种多，市场面就宽，可以满足更多消费者多方面的需求。

体育市场营销学实训指导

　　此外,还包含了按照人口因素、心理因素、行为因素进行细分的营销策略。针对不同年龄段、不同需求、不同喜好的人群开发不同的产品,以满足各类人群的需要。这种细分的好处是:有利于企业分析、挖掘和开拓新的市场;有利于企业针对性地制定适宜的市场营销策略;有利于企业提高适应能力和应变能力;有利于企业提高经济效益。

　　同时,上述情况还体现了安踏企业根据市场特点、竞争程度选择差别性市场策略。即根据不同的分市场,设计不同的产品,定制不同的销售策略,满足不同消费者的需求。

　　安踏集团还采取深度营销策略,增加品牌的竞争力。他们采取了一系列的举措,从赞助CBA到与NBA火箭队达成战略合作伙伴,再到签约斯科拉和弗朗西斯,安踏与篮球运动结下不解之缘。2009年,安踏再次发力,先后签约女子网球世界排名第一的选手扬科维奇、中国女网头号选手郑洁。不久前,安踏又与中国奥委会结为2009—2012年"独家战略合作伙伴",在未来四年中国体育代表团参加的全部赛事,安踏将成为唯一的运动装备赞助商。通过这些举措,安踏的品牌影响力会提高到一个前所未有的高度,将吸引更多消费者对安踏的关注和喜爱。

　　安踏企业的成功之道还有赖于多样化发展策略。作为一家以生产运动装为主要业务的企业,安踏公司还把触角伸向了休闲装、正装的领域,从而进一步开拓了自己的市场。

作品二　特步营销策略:弯道超越　剑走偏锋

　　在中国的经济大潮中从来不缺乏奇迹,也从来不缺少"疯狂"。创立于2001年的特步恰逢中国体育在悉尼奥运会上取得辉煌成就之时,体育的辉煌带动了体育服装行业的"疯狂"。特步副总裁叶齐表示:"我们当时冷眼一看,所有的国产体育用品都去模仿耐克,模仿阿迪达斯,模仿李宁,模仿安踏,都去请中国的奥运冠军来做品牌的代言人。疯狂到什么程度,做运动鞋的去请跳水运动员来做代言人,可大家都知道,跳水运动员是根本不穿鞋的。找一个根本不穿鞋的做鞋的代言人,可见当时之疯狂。"

　　中国体育服装行业从一开始就有着巨头的强大威胁,耐克和阿迪达斯在中国消费者中的品牌影响力早已经让人们将之与体育服装直接联系在了一起。同时,李宁、安踏等本土强势品牌的崛起,也为这个行业的后进入者筑起了高高的防御城墙。此外，以晋江板块为代表的体育服装帮更是让这个江湖鱼龙混杂，要想从中突围，没有奇招恐怕连生存的问题都没办法解决。特步在如此内外环境下，首要解决的就是生存问题，"作为一个新生品牌，知名度是特步在进军这个市场时第一需要提升的"。

由于不能如同"弱者的战略"所强调的选择一个空白或者较为宽松的细分行业，特步只能进入体育服装的主战场，那么如何能够剑走偏锋，用奇袭的方式在这个竞争激烈的市场中突围呢？面对体育服装界在营销推广中的明星策略，显然在特步2001年起步的时间已经没有太多的新意，更重要的是以特步的实力当时根本无力像那些大品牌一样去邀请那些超级大牌体育明星代言，因为这些明星的资源毕竟是有限的。面对现实，特步决定打破行业原有的营销模式，放弃运动营销，选择娱乐体育合璧的方式进行侧翼包抄。于是，特步以每年450万人民币签约了星光四射的香港艺人谢霆锋作为品牌代言人，然后根据体育服装中的时尚诉求，在产品中也配合加入时尚的元素。

继谢霆锋之后，具有青春、朝气、活力的TWINS组合和对青少年有非凡影响力的BOY'Z组合相继成为特步品牌代言人。谢霆锋、TWINS、BOY'Z的大陆市场推广活动成为特步固定的公关推广资源。同时，在设计上每年每季均推出自己的主题概念商品，如风火、冷血豪情、刀锋、圣火、先锋、04好玩，最终让"时尚、自由、个性"的品牌形象及内涵深入特步的顾客群。

作为事实上的第一个采用娱乐营销的方式成功杀入体育服装主流品牌的企业，特步在取得了体育时尚化的甜头后，如今也在着力强化自身的体育内涵，毕竟体育服装行业的本质就是运动。有业内人士指出，特步在娱乐时尚上的成功可能会让顾客在对其运动品牌的理解上出现混乱或者偏差。如今特步已经进入国内运动品牌三甲，必须集中力量让品牌内涵实现回归。正如特劳特所说，在侧翼战取得成功后，必须乘胜追击，并不断建立防御体系。

【分析与探讨】

市场经营观念就是企业以市场为导向，以满足消费者和用户的需要为出发点和终点，并以此获取最大利润的经营思想。特步出发点很有新意，属于反其道而行之，这一做法让其收获了意外的财富。但是特步经过了这一成功后，还是会采用其他运动品牌的行销策略，走运动明星之路。本人认为特步的终点选择的不是很好，该公司还应继续发展娱乐明星的宣传力度，争取先把握住这一市场。

第四章 体育经营的价格策略

一、知识训练

(一) 基础知识训练

1. 填空题

(1) 当市场上产品的供给量小于需求量时,称之为_____市场。

(2) 如果某种运动鞋的价格由 1000 元/双降至 800 元/双,需求量由 1800 双升到 2200 双,那么这种运动鞋的需求价格弹性 E=_____。

(3) 某体育用品的总固定成本是 10 万元,售价是 40 元,变动成本是每件 15 元,那么该产品的保本销售量是_____件。

(4) 根据现阶段我国体育经营单位的性质不同,如事业经营型、企业型,制定的产品价格分为全费服务价格和_____。

2. 判断题

(1) 一件运动上衣的标价为 199 元,这种定价方法是心理定价法的一种。( )

(2) 当一种商品的价格上升时,社会上对于此商品需求量也随之上升,那么这种商品在经济学上就称为"吉芬品"。( )

3. 选择题

(1) 美国市场上,5 元一件的商品定价为 4.97 元或 4.99 元;在中国市场上,定价为 4.96 元或 4.98 元;在日本市场上,定价为 4.92 元,所采取的定价策略是( )。

A. 尾数价格策略　　　　　　B. 整数价格策略
C. 声望定价策略　　　　　　D. 招徕定价策略

(2) 运动员是体育产品的生产者,他们掌握了特殊知识,有专门技能。大多数运动员的供给弹性情况是( )。

　　A. 等于 0　　　　B. 等于 1　　　　C. 大于 0、小于 1　　　　D. 大于 1

(3) 成本加成定价就是按照( )加上一定百分比的加成来制定产品销售价格。

　　A. 边际成本　　　B. 边际可变成本　　C. 固定成本　　　D. 单位成本

(4) 企业对于卖给不同地区顾客的某种产品,都按照相同的厂价加上相同的运费定价,称为( )。

　　A. 分区定价　　　　　B. 基点定价
　　C. 运费免收定价　　　D. 统一交货定价

4. 名词解释

(1) 需求价格弹性

(2) 成本加成定价法

(3) 盈亏平衡点定价法

5. 简答题

(1) 影响价格——需求弹性的主要因素有哪些?

(2) 新产品的定价策略有哪些?

(3) 简述企业定价的基本程序。

(4) 简述体育服务产品价格机制的特点。

(二) 案例分析训练

案例分析一　珠宝的定价

　　位于美国加州的一家珠宝店专门经营由印第安人手工制成的珠宝首饰。几个月前,珠宝店进了一批由珍珠质宝石和白银制成的手镯、耳环和项链。该宝石同商店以往销售的绿松石宝石不同,它的颜色更鲜艳,价格也更低。经理希拉十分欣赏这些造型独特、款式新颖的珠宝,她认为这个新品种将会引起顾客的兴趣,形成购买热潮。她以合理的价格购进了这批首饰,为了让顾客感觉物超所值,她在考虑进货成本和平均利润的基础上,为这些商品确定了销售价格。

一个月过去了,商品的销售情况令人失望。希拉决定尝试运用她本人熟知的几种营销策略。比如,希拉把这些珠宝装入玻璃展示箱,摆放在店铺入口醒目的地方。但是,陈列位置的变化并没有使销售情况好转。

在一周一次的见面会上,希拉向销售人员详细介绍了这批珠宝的特性,下发了书面材料,以便他能更详尽、更准确地将信息传递给顾客。希拉要求销售员用更多的精力来推销这个产品系列。

不幸的是,这个方法也失败了。希拉对助手说,"看来顾客是不接受珍珠质宝石"。希拉准备另外选购商品了。在去外地采购前,希拉决定减少商品库存,她向下属发出把商品半价出售的指令后就匆忙起程了。然而,降价也没有奏效。

一周后,希拉从外地回来。店主贝克尔对她说:"将那批珠宝的价格在原价基础上提高两倍再进行销售。"希拉很疑惑,"现价都卖不掉,提高两倍会卖得出去吗?"

【分析与探讨】

(1) 希拉对这批珠宝采取了哪些营销策略?

(2) 销售失败的关键原因是什么?

(3) 结合案例,说明影响定价的主要因素、基本定价策略。

案例分析二 珍珠陈皮

汕头罐头厂生产橘子罐头,剩下的橘子皮9分钱一斤送往药品收购站销售依然困难,他们思考难道橘子只能入中药做成陈皮才有用?经研究他们开发出"珍珠陈皮"可做小食品,具有养颜、保持身体苗条功能。以何种价格出售这一产品?经市场调查他们发现妇女、儿童尤其喜欢吃零食,在此方面不吝花钱,但惧怕吃零食导致肥胖,而珍珠陈皮正好可解其后顾之忧,且市场上尚无同类产品。于是他们果断决定每15克袋装售价1元,合33元一斤,投放市场后,该产品销售火爆。

【分析与探讨】

(1) 该企业采用何种定价策略?

(2) 为何采用这种定价策略?

(3) 若低价销售是否获得与高价同样多甚至更多的利润?

案例分析三　深圳大运会门票定价原则

深圳大运会组委会表示,大运会门票定价原则是"中等偏低",分5个等级。由于大运会的比赛整体竞技水平不及奥运会等其他赛事,而且预赛与决赛水平相差不大,所以大运会不计划以预赛、半决赛、决赛来区分门票价格。事实上观众观看大运会比赛更多地是为了感受比赛气氛,体验不一样的精彩,不是摘金夺银的对决也同样可以吸引观众。因此,大运会在制定大运会门票价格的时候,更多的是考虑到让大运会回归体育、全民健身,并照顾深圳市民的出行习惯。据悉,门票价格等级划分有三个原则:一是分白天、晚上,二是分冷门、热门,三是分平日与周末。大运会一般赛事门票价格分为30元、50元、100元、200元和300元5个等级,100元以下的门票占全部的80%。并拟订学生观赛计划,学生购票可能只需要10元。

此外,一些项目向观众免票开放,包括帆船帆板,以及田径(20公里竞走、半程马拉松)、游泳(公开水域)、自行车(公路自行车、山地车越野)。而射击(馆内)和小轮车项目,按照国际惯例和场馆情况,不销售普通观众门票。

案例分析四　天天平价——沃尔玛

沃尔玛经营几种零售业,虽然他们的目标顾客不同,但经营战略却是一致的,即"天天平价","为顾客节省每一美元",实行薄利多销。这样的口号在沃尔玛店面的灯箱上,店内pop宣传单上,甚至在其购物小票上,比比皆是,这句话对沃尔玛的重要性由此可见一斑。

所谓"天天平价",就是指零售商总是把商品的价格定得低于其他零售商的价格。在这种价格策略的指导下,同样品质、品牌的商品都要比其他零售商低。在沃尔玛,哪怕身份最低微的商店员工,如果他发现其他任何地方卖的某样东西比沃尔玛更便宜,他就有权把沃尔玛的同类商品降价。

沃尔玛的"天天平价"决不是空洞的口号,也不是低价处理库存积压商品或一朝一夕的短暂的低价促销活动,更不同于某些商场、专卖店为吸引客流而相互进行的恶意低价倾销或一面提价,一面用打折来欺骗消费者,而是实实在在的"始终如一"的让利于顾客的行为。这种平价主要是依靠成本控制,优化商品结构,推进服务来实现的。也就是说低价不等于廉价,低价不等于服务低劣。相反，低价也有高价值，低价也有高的服务质量。

沃尔玛的平价和一般的削价让利有着本质的区别。天天平价是折扣销售额的基础，是把减价作为一种长期的营销战略手段，减价不再是一种短期促销行为，而是作为整个企业市场定价策略的核心，是企业存在的根本，是企业发展的依托。沃尔玛是在所有折扣连锁店中把这一战略贯彻得最为彻底的一家公司，它想尽一切办法来降低成本，力求使沃尔玛商品比其他商店的商品更便宜。为此，一方面沃尔玛的业务人员"苛刻地挑选供应商，顽强地讨价还价"，以尽可能低的价位从厂家采购商品；另一方面，他们实行高度节约化经营，并处处精打细算，降低成本和各项费用支出。这一指导思想使得沃尔玛成为本行业中的成本控制专家，它最终将成本降至最低，真正做到天天平价。

那么，沃尔玛是怎样实现"天天平价，始终如一"的承诺的呢？其具体措施可归纳为：

采购。沃尔玛一般是直接从工厂以最低的进货价采购商品。

采取仓储式经营。沃尔玛商店装修简洁，商品多采用大包装，同时店址绝不会选在租金昂贵的商业繁华地带。

与供应商采取合作态度。通过电脑联网，实现信息共享，供应商可以第一时间了解沃尔玛的销售和存货情况，及时安排生产和运输。

以强大的配送中心和通讯设备作为技术支撑。沃尔玛有全美最大的私人卫星通讯系统和最大的私人运输车队，所有分店的电脑都与总部相连，一般分店发出的订单24~28小时就可以收到配发中心送来的商品。

严格控制管理费用。沃尔玛对行政费用的控制十分严格，如采购费规定不超越采购金额的1%，公司整个管理费为销售额的2%，而行业平均水平为5%。

减少广告费用。沃尔玛认为保持天天平价就是最好的广告，因此不做太多的促销广告，而将省下来的广告费用，用来推出更低价的商品回报顾客。

【分析与探讨】

(1) 请分析沃尔玛的平价策略。

(2) 你认为还可以采取什么措施达到低价？

 案例分析五　倒卖门票现象

试想如果你有两张超级杯的门票，并且位置挺好，然而你又因公出差，无法观看比赛的话，那么你将如何处置手中的门票呢？原价卖给同伴或朋友，你会觉

得得不偿失。如果把门票以1500美元一张的价格在黄牛市场上进行倒卖的话，那么情况又如何呢？任何正常的NFL球迷都会觉得很正常，因为这是市场价，更何况它是你自己的票。对于球票的经营者来说，倒卖门票，你会分享原本属于他们的利益，用菲尼克斯太阳队总裁的话来说，即是"没有经过他的允许，就从他的口袋里把钱拿走了，那是不正确的"。甚至他还指出，俱乐部要从门票的收入中交纳税金，而黄牛们倒卖门票却不纳税。还有一位俱乐部负责人指出，倒卖门票的人就是偷俱乐部钱的人。

有许多地方的法律和体育赛事都规定不许倒卖门票，理由如下：1.大多数条文都不符合市场情况，可是政府规定如此。2.俱乐部所有者、球迷、官员都担心因门票倒卖而产生的问题，如球迷拥挤滋事、座位欺诈纠纷等。可很多人赞成门票倒卖，这样做可以：1.让门票有个合理的流动，不仅让富有的人拥有，也要让收入较低的人群拥有。2.俱乐部的管理者和赛事举办者都希望售光门票，有更多的观众。这样会增加停车费，增加爆米花和比萨饼的售卖。

门票倒卖的结果，有好也有坏。倒卖门票可能产生欺诈活动。如黄牛将一场汽车赛的门票卖到290美元一张，并且许诺位置极佳，在终点线附近，可是实际上这只是一张任何球迷都能用32美元购买的露天座位。这些行为导致了一系列反对倒卖门票的活动。

在1995年，有一些球迷试图将面值24美元的门票以20美元的价格倒卖，而被警察驱散。一些球队为此专门在体育馆附近建立了"门票倒卖自由区"，在那里球迷可以买到等于面值或低于面值的球票，最高不能高于面值的2倍。

有专家指出，倒卖活动是不可避免的，是任何体育赛事都会发生的客观现象。为什么不为黄牛们专门开辟出一块场地，让他们自由倒卖呢？黄牛们也可以申请执照，为球队所有者交纳一定的费用，并且在指定的区域内还可以防止黄牛们骚扰不感兴趣的球迷，对想得到票的球迷来说也可以得到票，也不用担心因为购买了黄牛票而犯法。

采用此法的球队收到了比较好的效果。因为将黄牛们聚集在同一个地方，倒卖的价格就会降低，很多票都能接近面值。换言之，就是按市场规律办事，就会实现多赢。所有者加强价格的管理，球迷们也得到了票，犯罪活动也减少了，也没有人被纠缠骚扰。

【分析与探讨】

(1) 你是否赞成倒卖门票？

(2) 如果你手中有多余的热门比赛门票，你会如何处理？

二、技能训练

(一) 投标说明书陈述及写作技能训练

【训练目的】
1. 搜索一个完整的体育产品投标说明书。
2. 体育产品投标说明书写作技能训练。

作品一　投标说明书

投标文件名称："体育人文社会学"项目二"图书多媒体资料存储及数据库构架设计与开发"

招标文件编号：BTD（G）06-11

投标单位：北京金商祺系统集成有限责任公司

发出时间：2007 年 03 月 09 日

单位名称：北京金商祺系统集成有限责任公司

地址：北京市海淀区北四环西路 65 号海淀新技术大厦 15 层

目　录（由于原文共 55 页，篇幅过长，此处仅为目录摘要）

一、投标书

1. 投标报价函
2. 分项报价表

二、资格证明文件

1. 企业营业执照及法定代表人证明
2. 系统集成资质证书原件和复印件及大型数据库开发经历证明
3. 声明
4. 法定代表人授权委托书
5. 其他资质文件

三、项目设计方案

1. 需求分析
（1）建设目标
（2）建设内容
2. 数字化加工方案
（1）资料电子化分析
（2）资料电子化方案
3. 体育人文数字资料库建设方案
（1）数字资料库建设目标分析
（2）资料存储与管理相关技术
（3）网络存储技术的发展
（4）网络存储与内容管理的结合
（5）数字资料库建设方案——CAStor 内容存储管理系统
（6）CAStor 内容存储——管理系统特色
4. 体育人文社会学信息平台建设方案
（1）信息平台建设目标
（2）信息平台建设分析
（3）信息平台建设方案

四、项目实施方案

1. 项目组织成员构成及职责
2. 项目实施步骤
3. 进度安排

五、服务和培训方案

1. 技术支持与服务原则
2. 技术支持与服务目标
（1）人员组成

(2) 联系方式

(3) 售后服务流程图

(4) 售后服务内容

3. 培训

(1) 培训方式

(2) 培训服务流程图

(3) 培训计划

六、相似项目介绍

七、投标商公司介绍

1. 公司介绍

2. 公司政府采购中标情况

3. 其他高校成功案例

【分析与探讨】

此投标书共有 55 页之多，涉及内容非常详细、具体，在各个方面都考虑的非常全面，可见起草者的用心。

"体育人文社会学"的多媒体资料投标书主要面对需求度较高的政府机关及教育类机构，并且投资金额较高，工程较为复杂，工作量较大，工作的完成情况直接关系到数字化办公的效果。所以起草者对此投标书思考全面、细致，面面俱到，设想到了一切可能遇到的问题，是一份比较成熟的策划投标书。

作品二 投标说明

建设单位：北京市第二体育用品生产厂

1. 根据已收到的招标编号为 200909009 的体育产品工程的招标文件，遵照《工程施工招标投标管理办法》的规定，我单位经考察现场和研究上述工程招标文件的投标须知、合同条件、技术规范、图纸、工程量清单和其他有关文件后，我方愿以人民币 500 万元的总价，按上述合同条件、技术规范、图纸、工程量清单的条件承包上述工程的施工、竣工和保修。

2. 一旦我方中标，保证在 2010 年 1 月 1 日开工，2011 年 1 月 1 日竣工，即 365 天（日历日）内竣工并移交整个工程。

3. 如果我方中标，将按照规定提交上述总价 5%的银行保函，或上述总价 10%的由具有独立法人资格的经济实体企业出具的履约担保书，作为履约保证金，共同和分别承担责任。

4. 我方同意所递交的投标文件在"投标须知"第 11 条规定的投标有效期有效，在此期间内我方的投标有可能中标，我方将受此约束。

5. 除非另外达成协议并生效，你方的中标通知书和本投标文件将构成约束我们双方的合同。

6. 我方金额为人民币 25 万元的投标保证金与本投标书同时递交。

7. 投标产品：室外健身路径 26 套，每套包括太极推揉器、臂力训练器、三联压腿训练器、三人蹬力器、肋木架、三联太空漫步机、多功能训练器（4 功能）、扭腰器、平行梯、告示牌共 10 件（最高限价 20000 元/套）。

投标单位：（盖章）

单位地址：北京市海淀区北三环西路

法定代表人：（签字、盖章）王五

邮政编码：100088

电话：66666666

传真：88888888

开户银行名称：北京工商银行

银行账号：12345678901234567890

开户行地址：北京市海淀区北三环西路

电话：66666667

【分析与探讨】

投标书很详细。但投标书中没有体现该厂过去的成功经历，没有提供技术参数，不能吸引招标人。

（二）体育产品定价方法和策略训练

【训练目的】

1. 了解正确定价的意义、方法。
2. 体育企业产品定价个案分析。

作品一　2010南非世界杯官方用球价格定位分析

商品：普天同庆（JABULANI）——阿迪达斯2010南非世界杯官方用球

官方价格：1080元（折合成人民币）

分析定价因素：

国家政策法令：因为是国际公司，中国又不是这一类高价用品的主要市场，所以定价主要考虑欧洲市场。

产品成本：2010年南非世界杯比赛用球在技术上实现了历史性的突破：组成球体表面的球皮，从2006年团队之星的14块缩减到了8块。而且组成球体的8片表皮使用了EVA和TPU相结合的材质，并采用球形制模方式实现三维立体结构，仅用8块表皮就将足球拼接完成，从而可以完美地包住球体内胆，使足球达到前所未有的圆度，使得"普天同庆"成为了有史以来"最圆的足球"。根据空气动力学原理，"Grip'in'Groove"球面在适当的位置嵌入清晰可见的空气动力凹槽，使"JABULANI"成为阿迪达斯有史以来最稳定、最精准的足球。超微凸纹表面（Grip），继去年欧洲杯推出独特纹理球面后，阿迪达斯对世界杯全新比赛用球的球面又有了革新。"JABULANI"卓越的超微凸纹表皮设计，进一步提升球员在不同天气情况下对球的全面控制。在英国拉夫堡大学和德国阿迪达斯实验室进行的大规模比对测试以及无数次风洞测试都证明，"普天同庆"在运行线路上的精度与准确度都达到了前所未有的高度。同时，球体上的空气动力凹槽和超微凸纹表面等高尖精设计，也使得皮球拥有超卓的稳定飞行路线以及在任何的天气条件下都能实现的完美操控性。根据这些因素考虑，阿迪达斯此次投入了巨大的研发的物力、人力、财力，所以定价1080元是可以理解的。

市场供需情况。阿迪达斯的世界杯官方用球的销售一直呈现持续火爆的情况，从2002年韩日世界杯的飞火流星到2006年德国世界杯的团队之星，再到现在的普天同庆，都是长江后浪推前浪之势。据统计2006年世界杯的团队之星在世界杯期间就为阿迪达斯带去了14亿欧元的收益。由于这款足球价格太贵，在国内卖"普天同庆"的地方门可罗雀。这主要是由于中国的消费水平还不能和欧美相比，其次就是文化原因，中国球迷更愿意买一个200元的盗版足球，只要踢得高兴，而在欧美等足球文化深厚的国家，球迷购买一个正版足球不仅仅是足球本身，更注重的是文化，所以尽管在我们看来1080元有些过贵，但是在欧洲依旧销售火爆。阿迪达斯的这一定价还是抓住了公司的主要市场——欧美，而对中国等发展中国家有所舍弃。

市场经营组合因素。正式版的普天同庆的性能采用最先进的技术，质量很高，而且包装使用一个多棱柱形状的盒子，非常美观，再加上这款足球是国际足联认定的2010年南非世界杯官方用球，所以牌子响亮，价格定在1000元以上也是可以想见的了。

由于世界杯的官方用球是国际足联官方指定授权给阿迪达斯的，所以在这款足球设计之初就是为世界杯设计的指定用球，不存在竞争者。

作品二　对ADIDAS"猎鹰"足球鞋价格定位分析

产品名称：ADIDAS猎鹰足球鞋

产品价格：1880元

定价分析：阿迪达斯在体育用品行业是毋庸置疑的龙头老大，阿迪达斯品牌的足球鞋更是受到了诸多国际大牌球星的青睐。有阿迪达斯这个强大的企业做后盾，再加上众多绝对大牌为其做的广告层出不穷，可以说阿迪达斯专业足球鞋成为了全世界体育迷们的挚爱。同时我们也看到，阿迪达斯旗下的一系列球鞋在免费供应给国际大牌球星的同时也面向普通体育迷出售。仅就中国体育爱好者来讲，纵然他再热爱体育，但花上1880元购买一双仅能用来踢球的鞋确实是有些贵，但是泱泱14亿人口的大国，能够花得起近2000元买一双球鞋的体育爱好者肯定还是有的，但数量不会很多，因此可以说此款鞋是定位在高端消费人群之中的。

从定价目标上看，这款鞋是以尽可能多的或适当的利润为目标，同时兼有以应付竞争为定价目标的可能。对于阿迪达斯这样全球知名的大企业来说，极高的市场占有率早已成为了不争的事实，如何能在如此之高的市场占有率的条件下以更高的价格出售产品从而获得更高的利润才是其追求的目标。

此外，阿迪达斯面临的竞争对手实力也不弱，对手们所生产的足球鞋更是对其构成了直接的威胁。但通过调查可以发现，类似耐克、彪马这些主要的竞争对手所生产的足球鞋价格都要低于阿迪达斯系列足球鞋，阿迪达斯标高产品价格一方面为了追求更高的利润，另一方面很好的利用消费者"一分钱一分货"的心理，从而在竞争中占先。

从产品成本上看，"猎鹰"足球鞋生产环节所花费的费用还是较高的。首先其采用纯皮的材料，而且均为手工缝制，这在一定的程度上大大提高了人力成本。其次，这款球鞋的技术含量也是其他同类产品无法比拟的，例如鞋底的流动钨砂可以增强射门力度，同时足弓处的"猎鹰"元素可以使运动员更好地控制球。这些科技的运用牵扯到大量的科研工作和技术攻关，这都使得产品的成本大量增加。

从市场供需来看，虽然该产品属于高层次消费系列，但对于中国市场来说，能够消费得起这类产品的人还是不在少数。

"猎鹰"足球鞋的需求弹性较小，因此小幅的降价不会增加太大的销售量，而较高的价格也不会降低产品的销售，这也是该款球鞋定价较高的原因之一。

从定价方法上看，这款产品属于按质定价和习惯定价。阿迪达斯能够闻名于世的根本原因在于产品的超高质量，质量高自然消费量就大，最终产品价格高也就不足为奇了。同时，阿迪达斯的任何产品都属于高端消费，因此这款足球鞋的高定价也属正常现象。

"猎鹰"足球鞋采用了高价策略，即撇油价格策略。当"猎鹰"足球鞋以新产品的身份问世的时候，花费在其身上的各项成本费用都被算在了销售价格中。商家希望尽快收回研发这种鞋所花费的费用。同时依靠阿迪达斯实力雄厚的大品牌和极高的科技含量，可免去吸引众多竞争者的后顾之忧。

因此，"猎鹰"足球鞋的价格属于高端定位，但也是"贵得其所"。

第五章 体育市场经营中的促销策略

一、知识训练

(一) 基础知识训练

1. 填空题

(1) 在体育市场营销中,企业为了使产品能够迅速推销出去,往往会采用各种促销手段,但这些促销手段从总体上可以概括为_____策略和非人员推销策略。

(2) 绿色促销是通过绿色促销媒体,传递绿色信息,指导绿色消费,启发引导消费者的绿色需求,最终促成购买行为。绿色促销的主要手段有_____、绿色推广和绿色公关。

2. 判断题

(1) 体育产品的促销组合是通过综合运用人员推销、产品价格优惠、广告、营业推广和公共关系等促销手段来提高产品销售量。( )

(2) 体育企业公共关系的主要内容包括与顾客关系、与政府关系、与媒体关系、与中间商关系、与竞争对手关系。( )

3. 选择题

(1) 最古老、最普遍、最直接的推销方法是( )。
A. 广告   B. 公共关系   C. 人员推销   D. 营业推广

(2) 非人员销售策略,其实质是通过最快的信息传递将消费者吸引过来。下列哪一项不属于该策略常用的方式( )。

A. 价格促销   B. 广告促销
C. 服务型促销   D. 组织展销

4. 名词解释

(1) 促销组合
(2) 公共关系

5. 简答题

(1) 简述体育广告可供选择的媒体及各自的特点。
(2) 简述企业在进行促销组合时应考虑的因素。

(二) 案例分析训练

案例分析一　购物的选择

也许你广告不少打，活动没少做，可为什么消费者不买你的账？有这样一个故事，也许会给各商家带来启迪。

周末孩子要求去买她喜欢的食品，还念念不忘地说出了自己喜欢的品牌——好丽友蛋黄派、美好时光海苔、纳爱斯牙牙乐牙膏、果缤纷果汁等等，并且告诉我超喜欢它们的广告片。然而我们从超市里拿回家的却是乐天蛋黄派、波力海苔、孩儿面牙膏、农夫果园果汁。没有一个是进入超市之前认定的品牌。而老婆铁定要的冠生园蜂蜜从超市出来也变成了恩济堂蜂蜜。

孩子的理由很有童趣，好丽友变成乐天是因为乐天的包装上面有她喜欢的多啦A梦，并且里面还送小贴画。美好时光变成波力是因为波力的包装是一个带有提手的小桶，她可以用来去抓鱼。纳爱斯牙膏变成孩儿面牙膏是因为孩儿面牙膏的包装是一个彩色蘑菇。果缤纷果汁变成农夫果园是因为农夫果园的包装是卡通的。并且改变孩子选择的除了农夫果园之外都是长期没有广告的产品。

老婆是一个很认品牌的消费者，为什么也会改变呢？老婆告诉我，恩济堂的蜂蜜虽然没有冠生园的放心，但是恩济堂的蜂蜜注明是女人蜂蜜，还在促销，优惠了许多，肯定要试一试。

调查表明，65%的受访者表示他们通常会拎着不是原先计划购买的品牌产品离开商店。另外，也有大约相同数量的受访者表示，他们几乎每次都买促销商品，即便这些产品并不是他们最中意的品牌。

原因分析：

1. 卖场位置

好丽友蛋黄派是孩子一直选用的品牌，而这次在超市好丽友作为蛋黄派品类里面的知名品牌，占据的货架位置也是非常好的。乐天占据好丽友下层两格的较差位置。好丽友长期的形象一直没有改变。而孩子在走近货架之后，发现了货架的下方有一个多啦A梦的蛋黄派，拿出来一看包装不比好丽友差，最主要是上面有一个很大的多啦A梦，并且送小贴画。虽然孩子最喜欢的卡通人物不是多啦A梦，但是卡通总是喜欢的。于是好丽友就遭到了无情的抛弃。

2. 产品包装

美好时光海苔同样占据了最好的位置，但是波力海苔的小桶改变了孩子的选择。孩儿面牙膏从来没有听说过，但是它的包装是一个很可爱的蘑菇。农夫果园的卡通也是改变孩子选择的原因。

好丽友作为蛋黄派品类里面的领先者，广告与市场投入毫无疑问是很高的一个数字，不知道要由多少好丽友蛋黄派堆砌出来。而在终端，乐天不费吹灰之力就改变了消费者。美好时光、纳爱斯、果缤纷遭受着同样的命运。

3. 促销活动与精准度

老婆改变了选择，说明了消费者是喜欢购买"占便宜"的商品，而不是便宜的商品。当医生的老婆，选择所谓的女人蜂蜜只是为自己找了一个作为理由的借口。最终的原因还是觉得自己占了便宜。

会不会你努力了许久，却像故事中的好丽友、冠生园一样，赢得了最初的消费者，却输掉了最终的。

【分析与探讨】

（1）为什么孩子和老婆没有坚持原来的选择而购买了其他品牌的产品？这些厂家采用了什么促销方式推销出了自己的产品？

（2）如果你是厂家会怎么做？

案例分析二　阿迪达斯的"都市文化计划"

近一个世纪以来，阿迪达斯在各种体育运动竞赛中频繁出现，深受各国运动员的喜爱。公司的营销网络遍布全球，阿迪达斯已经成为世界最大的体育用品公司之一，在近年来表现出强劲的发展势头。尤其是其推出"都市文化计划"的促销活动后，提升了公司的整体形象，使公司产品的销售得到恢复性增长。

1928年，奥林匹克运动会在荷兰举行，阿迪达斯得到消息后立即带上样品奔赴荷兰的阿姆斯特丹。经过一个月的产品示范和游说，使阿迪达斯跑鞋成为此届奥运会的比赛用鞋。而阿迪达斯产品真正扬名是在1936年德国本土的柏林奥运会上，阿迪达斯公司专门设计了钉鞋，专供短跑运动员使用。这种鞋能够有效减少滑倒的可能，并提高跑速。奥运会前夕，阿迪达斯公司找到极有可能夺冠的美国选手欧文斯，并向他保证钉鞋的可靠性、先进性，对他获得冠军非常有利，但欧文斯当场拒绝。于是阿迪达斯公司又向欧文斯建议，在赛前训练中使用阿迪达斯的产品，结果一试用，效果非常明显。欧文斯决定在正式比赛过程中使用阿迪达斯的钉鞋，并一举获得4枚金牌，震惊了世界体坛，也在全球引起了对阿迪达斯高度的关注。

从此，阿迪达斯体育用品品牌获得了冠军的用鞋的荣誉称号。据1976年蒙特利尔奥运会统计，总数147枚与跑跳有关的金牌中竟有126枚是由阿迪达斯赞助的运动员获得的；在1982年的世界杯足球赛中，24支参赛队伍中有13支球队身着阿迪达斯的球衣，8支球队脚穿阿迪达斯的运动鞋，赛场裁判中有3/4的人使用阿迪达斯的产品。通过与体育运动和赛事的良好合作，阿迪达斯将产品有效地推销出去，逐渐地成为了体育用品业的领先者，培养了一批稳定的客户群。

由于阿迪达斯对体育运动发展的巨大贡献，1998年世界杯足球赛期间，当时的国际足联主席阿维兰热先生还专程到阿迪达斯公司创始人墓前，对公司创始人阿迪达斯先生在推动足球运动发展方面所做的贡献表示崇高的敬意。

面对体育用品的激烈竞争，阿迪达斯公司的产品由于缺乏创意，在产品设计和市场开发方面趋于保守，没有抓住大众体育在全球兴起的高潮，使公司产品的销售从20世纪80年代开始下滑，而耐克、锐步等公司乘势而上，成为行业的领先者。

为了止住颓势，阿迪达斯公司投入巨资，推出了"都市文化计划"的促销方案。该方案全面参与各项活动，既包括运动项目，又有时装表演、流行音乐和各种娱乐节目的制作等。公司成为主要运动赛事的合作者，与其目标市场，即年轻一代产生了强烈的亲和力，使得公司扭转了销售下滑的趋势。

【分析与探讨】

(1) 阿迪达斯公司产品是如何借助奥运会进行促销的？

(2) 你认为"都市文化计划"能全面止住公司销售下滑的趋势吗？

案例分析三　百事可乐公司销售返利政策

百事可乐公司对返利政策的规定细分为五个部分：年扣、季度奖励、年度奖励、专卖奖励和下年度支持奖励，除年扣为"明返"外（在合同上明确规定为1%），其余四项奖励为"暗返"，事前无约定的执行标准，事后才告之经销商。

一、季度奖励

在每一季度结束后的两个月内，按一定进货比例以产品形式给予季度奖励。同时，百事可乐公司在每季度末派销售主管对经销商业务代表培训指导，帮助落实下一季度销售量及实施方法，增强相互之间的信任。合同上还规定每季度对经销商进行一些项目考评，例如实际销售量；区域销售市场的占有率；是否维护百事产品销售市场及销售价格的稳定；是否执行百事可乐公司的销售政策及策略等等。

二、年扣和年度奖励

年扣和年度奖励是对经销商当年完成销售情况的肯定和奖励。年扣和年度奖励在次年的第一季度内，按进货数的一定比例以产品形式给予。

三、专卖奖励

专卖奖励是经销商在合同期内，在碳酸饮料中专卖百事可乐系列产品，百事可乐公司根据经销商销量、市场占有情况以及与百事可乐公司合作情况给予的奖励。专卖约定由经销商自愿确定，并以文字形式填写在合同文本上。在合同执行过程中，百事可乐公司将检查经销商是否执行专卖约定。

四、下年度支持奖励

这种奖励是对当年完成销量目标、继续和百事可乐公司合作，且已续签销售合同的经销商的次年销售活动的支持，此奖励在经销商完成次年第一季度销量的前提下，在第二季度的第一个月以产品形式给予。

为防止销售部门弄虚作假，百事可乐公司规定考评由市场部、计划部抽调人员组成联合小组不定期进行检查，确保评分结果的准确性、真实性，做到真正奖励与百事可乐公司共同维护、拓展市场的经销商。

【分析与探讨】

(1) 百事可乐公司销售返利政策有什么借鉴意义？

(2) 百事可乐公司返利政策采取"事前无约定的执行标准，事后才告之经销商"的做法有什么特点？

二、技能训练

（一）产品广告语创意陈述训练

【训练目的】

1. 搜索一条完整的、有创意的体育产品广告语。
2. 请对所选广告进行分析评价。
3. 针对某一产品自己设计一个广告策划。

作品一　阿迪达斯的广告语

阿迪达斯曾经有一句非常流行的广告语，是"impossible is nothing"，即"没有不可能"。这个广告语还形成了一个系列，有三位著名的体育明星通过讲述自己曾经的故事来进行宣传。一个是吉尔伯特·阿里纳斯，他的广告语是：Hi，我是吉尔伯特·阿里纳斯，这是我的故事。当我刚进入NBA，职业生涯的前40场，我是在板凳上度过的。他们认为我打不上比赛，我想，他们根本没看到我的天赋。他们觉得我就是个0，一无是处。但是我并没有坐在那里怨天尤人，而是不断地训练，训练。在没有人相信你的时候，你的任何努力都会为自己加分。这已经不是我能否打好篮球的问题了，而是我要证明他们是错误的。 现在我仍然穿着0号球衣，因为我要告诫自己每天都要努力。另一位是马晓旭，她的广告语是：我是马晓旭，这是我的故事。刚开始踢球的时候，觉得根本就没什么困难。第一次进国家队还不到16岁。练了一段时间，他们就让我回来了。那是很难的一道坎，但还是没有难住我。要让再大的挑战也变得简单，最好的办法就是把自己变得更强。还有一位是贝克汉姆，他的广告语是： 我叫大卫·贝克汉姆，这是我的故事。我仍然不时地想起1998年，当然我很希望那从来不曾发生过，我那时候表现的多像个不成熟的男孩子啊，我想那时我哭了有5到10分钟了，我现在仍感到不安，那时我受到了死亡的威胁，3年半的时间里我从未有安全感， 在这些事情发生的时候它甚至可以把一个人彻底打倒，在对阵希腊我进球之后，所有的体育记者，他们站起来为我鼓掌，在经历过最严厉的批评后，这是一次大的转折，你这一生中会经历挫折，但重要的是坚强地度过它。

可以说，"impossible is nothing"是阿迪达斯广告语中的点睛之笔，以简洁、生动且朗朗上口被消费者们所熟知。在这几段对白中，通过这些运动员讲述自己在低谷时期的故事，表现出运动员们在实现自己价值的路途上曾经遇到过怎样的困难，最终又是怎样克服的。这些故事最后告诉人们，只要自己努力，不管遇到任何困难最后都能成功。即"impossible is nothing"。

从广告的组成来看，用"impossible is nothing"而没有用"everything is possible"，也是广告商的精妙之处。一般来说，否定句更能起强调作用，否定之否定就更能体现其肯定的效果。而且，这样的组合除了体现努力就能成功外，还能体现出只要购买阿迪达斯的产品，就能实现自己的梦想，就是不断超越自己，突破自我，更能够吸引消费者的眼球，增加消费者和产商的共鸣与心理认同，这样的广告为阿迪达斯做足了宣传。

除此之外，"impossible is nothing"还会给消费者这样的一个心理暗示，即这样的产品质量是NO.1。一般来说，体育产品是卖给年轻人的，年轻人的特点就是富有朝气，积极进取。这样的广告语有一种很霸气的感觉，这就契合了年轻人的性格特点，也更加能够吸引年轻消费者的购买欲望。

而在广告的刚开始，通过三位运动员讲述自己的故事，可能消费者还并没有理解全意，但是当最后的广告语"impossible is nothing"出来的时候，可能很多消费者才恍然大悟。当然，消费者肯定都能发现这个广告语已经蕴含在之前的广告中，会给人眼前一亮的感觉。这样，对于这个广告的印象也就更加深刻，更能激起消费者的购买欲望。

阿迪达斯能够成功运用名人效应。一般来说，明星是促使消费者完成购买的一个重要因素。而阿迪达斯选了三位非常有影响力的足球和篮球明星，通过他们讲述自己的故事，更能起到普通人做宣传所达不到的情感共鸣，最后告诉人们只要努力，没有什么事情是做不到的。而且，这种理念已经超越了体育，已经达到了一个比较高的精神境界。

总之，"impossible is nothing"这句广告语有力地传达了阿迪达斯产品的理念与内涵，对于消费者的心灵触动是非常大的，激起了观众的购买欲望，成功地为阿迪达斯做足了宣传工作，是一则很有灵感和创意的体育产品广告语。

作品二　耐克，Just Do It

它与美国的古老智慧"只管去做"（Just Do It）密不可分。耐克不只卖运动鞋，它所出售的是一种生活方式，这是它成功的关键。这个广告语对于人心的激励，以及这一哲学背后的干劲与决心，是与每个人都有关的，不管你是不是运动员。耐克运用一种励志式的语言来激发消费者，不管你是谁，你的头发或皮肤的颜色是什么，你遭遇了身体上或社会生活中的什么局限，耐克说服消费者，你一定可以办到。它告诉人们要振作起来，抓紧人生的方向盘，并且采取行动。在"只管去做"的广告词背后，是一个非常美国式的意识形态；然而，随着全球化的进展，原来是美国意识形态的东西，变成了一种全世界共同的渴望，渴望能有一个公平的竞技场，可以让人们不只在运动方面，而是在人生的每一层面都一争短长。这可以追溯到美国早期的拓荒者精神和他们对成功的渴求。耐克无疑是将伟大的美国梦行销全球，并且提倡其工作伦理；耐克告诉它的消费者，如果你下定决心，奋斗不懈，你就会超越他人，征服一切。借由这样的方法，即利用人们对于成功的热切渴望，耐克也创造出了它自己的一种人格与态度。通过巧妙地运用一句非常简单的广告妙句，它成功地将一种生活态度融入其所出售的商品中。耐克这句广告语 Just do it 是广告中的经典，既可以理解为"我只选择它，就用这个，来试试"，更可以理解为"想做就做、坚持不懈"等等，"just do it" 同时也是耐克公司体育精神理念。

第五章　体育市场经营中的促销策略

作品三　李宁广告语的分析评价

李宁公司成立于1990年，经过二十年的探索，已逐步成为代表中国的、国际领先的运动品牌公司。分析李宁品牌的成功原因，主要在于：体育英雄李宁的名牌效应、超前的品牌意识、高效的销售渠道、顺应市场的品牌定位，体育赞助的市场推广手段，快速调整和良好的应变能力，企业信息系统建设和重视研发。

李宁广告语的七次变更，也是为顺应市场的品牌定位而做出的改变。
1. 中国新一代的希望
2. 把精彩留给自己
3. 我运动我快乐
4. 运动之美　世界共享
5. 出色，源于本色（瞿颖为形象代言人）
6. 一切皆有可能
7. 让改变发生

"中国新一代的希望"（李宁公司第一个广告语）。李宁公司最初定位要做成一个运动时尚的体育品牌，第一层含义是作为民族品牌，希望成为中国体育品牌的未来领跑者，第二层是他把目标定位在做成一个运动时尚的体育品牌。

"把精彩留给自己"。根据对中国体育用品市场需求的分析，李宁公司认识到在青年人中蕴藏的巨大消费潜力，从而决定将品牌设计风格从单一的大众化塑造成具有个性的品牌，"把精彩留给自己"强调个人主义，符合目标市场的心理。

"我运动我快乐"。符合体育产品的市场定位，但是品牌并没有进行产品细分，没有做到体育产品专业化。这一阶段着重突出运动的作用。

"运动之美　世界共享"。从这里，李宁公司开始确立运动品牌的定位，创造国内体育产品的领跑者，并扬名国外。1998年，李宁公司率先在广东佛山建成中国第一个运动服装与鞋业生产基地，成为中国第一家实施ERP的体育用品企业；2004年，李宁公司在香港联交主板成功上市，成为第一家在香港上市的内地体育用品企业；2005年，李宁公司成为NBA官方合作伙伴；2006年，李宁成为ATP中国官方市场合作伙伴。源于体育、用于体育，李宁公司以体育为载体，逐步扩大了自己在国际上的影响力。但在实行"走出去"战略中，李宁产品面对来自国际知名品牌如耐克、阿迪达斯的竞争，它的市场道路仍不太明确，夹在国际高端本土低端的行列中。

"出色，源于本色"。李宁公司开始塑造高端运动品牌，这句广告语也传递了"我的产品出色"的信息。2000年，李宁公司在悉尼奥运会前推出这句广告语，以世界冠军、体操运动员李小鹏为主角，突出产品的卓越，简洁凝练，新颖独特。

"一切皆有可能"，这是李宁广告语中最为脍炙人口的一句，也伴随着李宁的品牌塑造快速增长的一句。与以前推出的广告语相比，"一切皆有可能"给李宁品牌的定位精准得多。在年轻、充满活力的人面前，一切都刚刚开始，一切都可以从无到有，一切皆有可能！广告以生动的画面，向观众暗示一种价值承诺：拥有李宁品牌，不仅仅是拥有一种生活用品，更是拥有一种生活质量，一种人生境界。

"让改变发生"。2010年，李宁公司宣布品牌重塑战略，发布全新的标识和口号，并对品牌DNA、目标人群、产品定位等做了相应调整，打造"90后李宁"，新口号为"Make The Change"，品牌新标识则抽象了李宁原创的"李宁交叉"动作。全新的品牌宣言，体现了从敢想到敢为的进化，鼓励每个人敢于求变、勇于突破，是对新一代创造者发出的号召。

李宁公司从1990年成立至今，也有20年左右了，严格意义上说，也是90后。所以李宁现在要表达出来的是它也是一个年轻的品牌，也是一个用于突破创新的品牌，这是一种对市场的认同感以及对自身企业的一种品牌定位，20岁，是该成熟的时候了。

作品四　NIKE网球鞋

一、产品分析

1. 品牌类型：NIKE生产的有服装、鞋、包和各种体育用品，这里将着重介绍"NIKE"的运动鞋。

2. 主要目标：为运动员创造一流的鞋，占领整个世界的运动市场。

3. 口号："JUST DO IT"

二、市场分析

1. 目标市场

随着社会经济的发展和人民生活水平的不断提高，人民大众都在追求高品位的精神享受，但物质享受仍必不可少，人们都在追求着健康。千里之行始于足下，一双好的鞋子，不仅要穿着美观，耐用，更讲究的是它对我们脚的保护和整个身体的保护，这是远远高于鞋子本身的价值的。

有关统计结果显示：80%的青少年买过运动鞋，说明"NIKE"的重点市场应该放在青年人和运动员身上；68.3%的青少年买过名牌运动鞋，51.2%的青少年买过"NIKE"运动鞋，说明运动是一种现代潮流，不少人愿意为这种潮流而花钱买双能在运动场上享受时代气息的鞋。调查报告显示，"NIKE"运动鞋的质量和售后服务是非常令人满意的，满意百分比分别为96%和94%。

这说明在运动鞋市场上"NIIKE"占有很大一部分市场和影响力。但是价钱却是一个比较严重的问题。81.1%的人虽然愿意花"重金"来买"NIKE"，但是还是觉得整体价位偏高，希望能多点折价，说明"NIKE"还是属于上层人士的专利产品，没有群众化。

2. 竞争对手调查

目前，世界上有许多运动品牌，其中有相当一部分有着雄厚的实力。因此，运动鞋市场的竞争是十分激烈的。

我国市场的同类产品主要有以下几种品牌：adidas 德国品牌，世界著名的运动鞋生产商，具有雄厚的经济技术实力。推出的"天足概念"系列产品，深受用户的喜爱（市场占有率为27.7%）。reebok 英国品牌，世界运动行业巨子。蜂巢技术科技含量高，具有较高的影响力（市场占有率为20.5%）。converse 美国原创，历史悠久，性能优良，价格适中，颇具竞争力（市场占有率为13.6%）。And1 美国街头品牌，进入国内不久，质量较好，价格中等（市场占有率为10.5%）。puma 大众品牌，价格偏低，颇能吸引消费者（市场占有率为9.3%）。李宁中国原创，发展较快，价格较低，质量也不错，不乏支持者（市场占有率为8.4%）。双星价格较低，属普通大众消费（市场占有率为6.9%）。其他品牌市场占有率为3.1%。

三、消费者分析

1. 消费者总体态势。NIKE 是消费者选择的第一品牌。ADIDAS 的市场占有率为 27.7%，REEBOK 的市场占有率为 20.5%，CONVERSE 的市场占有率为 13.6%，其他品牌都比较少。

2. 消费者购买因素。首先是为了运动的需要，其次是为了跟上时尚和拥有世界知名品牌的满足感，再者就是看中"NIKE"品牌的品质优良、设计经典。另外，大牌明星作为代言人也起了不少的作用。

四、广告策略

（一）广告目标策划

通过各种媒体对"NIKE"的宣传和报道，以及各种活动的开展，在一年内将市场占有率提高 10%~15%，使"NIKE"依然保持世界运动市场上的领先地位。

（二）消费市场策略

1. 看准市场，着力于广大运动员和青少年。随着竞技运动的发展，运动员对运动装备的要求越来越高，各体育部门对增强运动员的实力也越来越重视。"NIKE"作为世界第一运动品牌，运动员是其第一大市场，因此要大力向广大运动员推广。其次，青少年也是一个很大的市场，他们不少人为了追求时尚和感受名牌的刺激，不惜重金来买"NIKE"。要抓住这个心态，把名牌打得更响，把款式做的更新。

2. 把产品价位更加清晰化。产品价格是人们购买时的最先考虑的问题，因此应该首先把价位调整好。对于不同的消费层次应该有不同的价位让其选择。让产品更加群众化。

3. 保持良好的品牌形象。"NIKE"在消费者心中的印象普遍很满意的。除开精湛的设计和良好的质量外，还有不错的售后服务，这几点都是消费者比较重视的。建议企业在保持良好的品牌形象的同时，把成本压缩，降低价位，增加竞争力。

4. 采取因地制宜的营销策略。虽然"NIKE"公司在中国代理只有三家（北京、上海、广东），但是在各个大中城市都有其专卖店。要充分利用各地区的人力和资源，把它们全都联系起来，多开展和消费者的联谊活动，开展与运动潮流有关的活动，让大家都先爱上运动。可以适当开展展销活动，并通过有奖销售、赠送礼品、发放宣传品等手段来吸引顾客，增加销量，让中下消费水平的顾客也能享受到"NIKE"的关爱。

五、广告设计

（一）平面招贴和特大霓虹灯广告

1. 平面招贴选用"NIKE"平时一贯的风格——简单、朴素、时尚。招贴选用白底黑字，增加对比度，突出表现"NIKE"标志，再加上简单的线条作为装饰，增加时代感和运动的速度感，使观赏者过目不望。

2. 特大霓虹灯广告安放在旅游区和中心广场最醒目的地方。画面采用生动幽默的动画来体现"NIKE"精神，以及详细介绍"NIKE"鞋的各种强大功能，让人觉得物有所值。

（二）网络广告和宣传册

1. 现在是网络的天下，上网的人越来越多，而网络交易是现在交易市场的潮流。因此，在全国各大网页上都刊登"NIKE"的广告，对广告进行链接，以便读者方便在网上直接购买。

2. 在各专卖店增加对各种鞋的宣传册，详细直观地对鞋进行介绍，让消费者更进一步地了解"NIKE"。

（三）CM 广告

广告主题：NIKE——JUST DO IT，广告时间：25 秒，广告构思：主要以富于速度感和冲击力的画面来衬托主题。

镜头一：法网赛场，纳达尔面对对方的大角度击球（音乐：安静的赛场传来一声纳达尔的吼叫）。

镜头二：纳达尔加速追球（镜头换至脚下的 Nike Air Max Courtballistec 2.3。音乐：脚步声逐渐急促）。

镜头三：纳达尔长距离奔跑后，利用球鞋的摩擦力进行滑步，成功回球（镜头特写其面部表情。音乐：纳达尔击球瞬间的轻响，还有纳达尔滑步时的摩擦声）。

镜头四：纳达尔成功击出制胜球，镜头随着纳达尔的目光往下走，最后落到网球鞋上，给网球鞋一个特写（旁白："JUST DO IT"并伴有字幕和产品形象以及"NIKE"标志）。

（四）广告实施计划

1. 时间：2011年6月1日—2012年1月1日
2. 媒体组合：充分利用报刊、杂志、电视和网络以及街头广告等宣传媒体。以电视（CM）为主，网络、报刊、杂志为辅，街头广告次之。
3. 选用媒介

报纸：《体坛周刊》《人民日报》。理由：上述报纸具权威性，发行量大。

杂志：《当代体育》《体育画报》《网球》，主要安排封二、封三（专业杂志尽量争取封面封底）。

电视台：中央一套、中央三套、中央五套等收视率高且覆盖面广的电视频道；CF广告主要安排在《新闻联播》《体育新闻》《同一首歌》等焦点节目前后的黄金时间播出。

（二）营业推广训练

【训练目的】

1. 分析一体育企业营销中营业推广的特点。
2. 策划一个体育产品的营业推广计划。

作品一　361°体育用品有限公司的营业推广策略

企业简介：361°国际有限公司是一家集品牌、研发、设计、生产、经销为一体的综合性体育用品公司，其产品包括运动鞋、服装及相关运动配件等，下辖361°（中国）有限公司、361°（福建）体育用品有限公司、361°（厦门）工贸有限公司。2005年、2006年，361°相继获得"中国名牌"、"中国驰名商标"等荣誉，迅速成长为行业领跑者。

品牌定位：作为中国领先的专业运动品牌，361°提供给所有热爱运动的年轻消费者设计与科技兼备的运动产品,并鼓励他们全情投入,不计得失地热爱运动。运动+时尚=361°,以运动的名义卖时尚。为了加强个性化,我们将361°类别名称定为"运动武装",一个运动时尚化时代的名词,令361°一下子在众多运动产品品牌中跳了出来。

市场定位:在中国,运动用品市场70%的消费集中在年轻的消费群体身上,这也正是361°要抓住的核心人群,361°70%的产品也集中在这个群体上,主打专业、运动、时尚的产品。群体以15~30岁的年轻族群为主。这些消费者不仅十分活跃,并且喜欢尝试新鲜的事物,追赶潮流和品位,具备光鲜的主体意识,有很强的消费情欲和消费能力。

市场推广:

(1)建立官方网站。包括多一度热爱、聚焦、运动、社区四个大项,其中聚焦包含无处不热爱、微博梦想传递、大运大篷车校园行三项,活动包括跑步、篮球、排球、乒乓球、网球、自行车、足球、冰壶、运动生活、综合训练十个小项,使得消费者对361°有更详细的认识。

(2)建设官方商城。随着互联网的发展,电子商务备受关注。李宁、安踏、361°等运动品牌争相开始在网上建设自己的网上官方商城。在获得成功后,李宁等公司纷纷加大了在电子商务和网络营销方面的投入量,李宁还专门设立了数字营销部门和电子商务部门。361°也建立了自己的官方商城 http://361.zymw.com,在官方商城中,设置了轻松网购、特价专区、热卖款式、多种支付方式。点击各个项目都可以链接到淘宝商城的361°淘鞋专卖店的相应网页,解决了淘宝网页无法被百度收录的问题。

(3)淘宝官方商城和授权店:淘宝网近年来迅速发展,成千上万的大小商家加入了淘宝。众多商家为了赚钱代理知名品牌,与此同时,由于李宁等知名运动品牌生意兴隆,一个网店无法满足需要,急需扩充店面。由此,众多淘宝卖家和品牌商一拍即合,成立了品牌专营店,也有旗舰店。包括网络特供款、限时特价、周末疯抢、VIP专区、公司简介、品牌科技、帮助中心、导购、售后九个大项服务,方便消费者在网上进行在线购买。

(4)361°与腾讯合作的创新网络营销模式:361°冠名腾讯网体育频道相关的子栏目,以腾讯网为平台搭建起首个与消费者沟通的网络通道。2006年,361°在腾讯这个营销平台上的推广已呈多渠道的趋向,主要有体育运动频道的冠名、QQ.com的网站告白,在腾讯游戏频道的互动游戏中置入一些品牌因素,QQ谈天客户端告白和"361°文娱篮球"等。2007年,361°加强与腾讯营销合作的深度与广度，其网络营销传播突出两个特性：一是强化互动，加大深度品牌文化配置，强化体育运动频道和游戏频道的关联性，强化网络互动空间。以腾讯"敢玩社区"为核心，举办各类网民互动，包括运动武装、文娱篮球、跑吧、羽毛球俱乐部、无线俱乐部、网络同盟店等版块。此中运动武装版块是361°新品推荐、经典鞋款展示的第三方媒体平台。文娱篮球版块可以举行报刊在线报名、赛事报道、选手风范展示、精美赛事视频文件展播等。二是改变以往简略的"产物加内部实质意义"的传播体式格局，以网络为中心举行整合传播。以腾讯及361°官网为媒体平台，构建产物宣传阵地，德律风无线为连接桥梁，通过德律风短信公布宣传或者领奖报信，强势整合线上线下资源，打造从用户到客户的角色转移链，最终拉动发卖。合作时期，腾讯还对于361°重点推广的三大赛事，即"羽毛球奥运规划"、"羽毛球全国人民规划"、"361°文娱篮球"供给完备的赛事支持，以赛事视频技术为核心，提供优势资源协同配合，联合361°进行三大赛事的宣传。2008年，腾讯网为361°整合的QQIM、QQ.COM和QQ增值平台这三大优势广告资源，在把握目标消费用户在线生活轨迹的基础上，进行精准投放。借助奥运会的巨大影响和推动力，品牌总曝光超过220亿次，总点击超过645万人次，361°的奥运品牌印记快速地植入消费者脑海之中。与此同时，腾讯网平台上的系列合作资源也改头换面：打开QQ，想和好友聊聊天，弹出的界面会悄悄告诉你，要"多一度热爱"；2009年3月16日至4月20日，361°在腾讯Qzone平台上，鼓励用户分享自己的"多一度热爱"故事，用户投票数最多的故事，将有机会获奖。该空间历史访问人数达到229万多人，浏览量更有553万多次，用户投票次数超11万次。活动结束后，空间主人陆续贴出一个个故事，现在每天仍能吸引100多位新用户访问。人们热切讨论谁的故事最精彩，谁最热爱运动，掀起的话题效应，无形中传导了品牌精神。以产物为核心的传播计谋向以用户为中心的传播计谋改变。

作品二　拟写旱冰鞋营业推广计划

一、对消费者

1. 在中小学校园中向学生赠送试用样品，利用被赠送样品的同学之口向其他同学进行宣传，达到一传十十传百的效果。
2. 在形成一定品牌效应之后定期发放代金券，这样可以刺激消费者进行消费。同时，也可以把代金券印在发行量大、有一定影响力的报纸、杂志上，以达到扩大产品知名度的目的。

3. 在向顾客销售旱冰鞋的同时，可以赠送给顾客价格低廉的护具，如护膝、护肘等。

4. 对有质量问题的产品，实行退换货自由的政策。

二、对批发商、零售商

1. 为鼓励批发商、零售商的积极性，实行购买折扣，即买的越多，折扣就越多。

2. 产品有质量问题，实行退换货自由政策。

3. 选择有一定影响力的媒介进行广告投放，并且和规模较大的零售商分摊广告费用。

4. 利用各种宣传途径把零售商、批发商的地址、联系电话广而告之，以方便用户购买。

5. 定期为各个零售商做销售统计排行，奖励那些名次靠前的，如打折或给予物质奖励。

6. 举办一次商品联合展，组织各商家在展销会上展示各自购进的不同款式的旱冰鞋。

此外，定期举办"某某杯"旱冰鞋大赛，邀请该产品的消费者前来参赛，并设有物质奖励。

（三）树立公共关系及应对公关危机训练

【训练目的】

1. 分析某一体育企业树立公共关系的经验（差分析）。
2. 分析某一体育组织应对公关危机的经验。

作品一 宇宙足球公司

一名英国中年妇女和丈夫闹离婚，理由是丈夫有外遇，在法庭上她边骂边诉道："我 20 岁嫁他。可是结婚不到一星期，他就偷偷地到运动场幽会去了。于今，他已经 50 岁了，照例迷恋那个可恶的'妖精'，无论白天黑夜，他都要去运动场与那'第三者'见面。"法官问:"'第三者'是谁?"她爽快地说:"就是那臭名昭著、家喻户晓的足球。"法官只得劝道:"足球不是人,你只能控告生产足球的厂家。"谁知那妇女果真向法院控告一年生产20万只足球的英国"宇宙"足球厂。

出人意料的是,该厂老板居然表示,同意赔偿这位太太10万英镑孤独费。这一意外官司,很快被新闻界大肆宣扬。事后,老板对记者说:"这位太太的控告词,为我厂做了一次绝妙的广告。"

【分析与探讨】

1. 善于"制造新闻",这是企业扩大知名度、美誉度、取得竞争胜利的重要手段。在众多宣传性公共关系手段中,它是一种最主动、最有效的传播方式。"宇宙"足球厂的老板深谙此中奥秘,巧妙地利用这一公关手段,为该厂足球促销做了一次效果显著的免费广告宣传。

2. 企业要舍得花钱搞公关,以"小失"换"大得"。英国"宇宙"足球厂利用意外官司赔偿10万英镑孤独费,换取了新闻界大肆宣扬炒作,其实是十分合算的。

作品二 英利绿色能源公司 世界杯赛场的中国面孔

中国的足球迷们可能很难想象,在万众瞩目的世界杯足球赛冠亚军决赛场上,会有"中国面孔"的出现。

总部位于河北保定的英利绿色能源控股有限公司(YGE.NYSE)2月3日宣布,该公司成为2010年南非世界杯的全球官方赞助商。在全球范围内,拥有与英利一样的世界杯全球赞助商身份的只有7家,英利为第7家。

这是中国首家获得世界杯足球赛全球赞助权的企业。按照协议,英利方面不仅将为2010年南非世界杯的20个训练基地提供太阳能电池板,而且世界杯期间,在每场90分钟的足球赛中,在主赛场草皮周围的广告板上,英利都享有8分钟的展示权。

这是一家曾以打价格战而闻名的光伏企业。2008年金融危机中,英利率先将多晶硅电池组件从4.1美元/瓦降至2.98美元/瓦,由此点燃中国光伏企业在欧洲市场价格战导火索,以及此后全球光伏组件价格的大跳水。而在敦煌光伏电站的招标中,英利与国投电力联合报出的0.69元/度,也远低于当时2元/度左右的行业价格,成为震撼一时的行业新闻。

目前,英利正试图通过赞助世界杯足球赛这样的全球体育盛事,改变他们的品牌战略。国际足联营销总监 Thierry Weil 称,中国是世界强国之一,"确实中国足坛有一些丑闻爆出,国际足联一直在与此类丑恶进行斗争。但中国的每一位球迷没有责任。足球是一项大众运动,是一项在中国拥有很高人气的运动"。

"国际足联不能缺少中国的参与,因此我们今天在这里欢迎第一家中国公司加入世界杯大家庭,感到尤为自豪。"

英利赞助合约的财务细节未作披露,但英利将为国际足联在南非的全部20座"Centres for 2010"配备太阳能电池板。"Centres for 2010"是国际足联通过世界杯留给非洲的主要遗产项目之一。

作品三　耐克公司成功应对刘翔退赛带来的公关危机

北京时间8月18日,北京奥运会田径比赛在鸟巢进行。在男子110米栏小组赛第六组中,中国飞人刘翔因伤退出了比赛,爆出奥运会开始以来的最大冷门。

而刘翔代言了众多品牌:凯迪拉克、安利纽崔莱、可口可乐、白沙文化、杉杉男装、千里马汽车、伊利、交通银行、联想、元太、奥康、中国邮政EMS、NIKE、中国移动等。其中一级代言(2000万):耐克、可口可乐、伊利和VISA。

竞技体育的残酷让很多人始料不及,伤痛让刘翔被迫饮恨赛道。刘翔的身价会不会因为退出比赛而大幅下降?赞助商的利益会不会受到损害?对于原本设计的广告预案是否需要转型?

如果说影响最大的,要算刘翔黄金跑鞋的提供者以及非奥运赞助商耐克公司。此番刘翔退赛对耐克的影响有多大还很难界定,但我们看到耐克在事件突发之后强大成熟的公关应急能力,对于阿迪达斯以及国内其他企业而言似乎是一场现实版的公关危机化解实践演示。

首先耐克火速推出刘翔新广告版,成功将公众对刘翔的关注,引到自己品牌上。"爱运动,即使它伤了你的心",8月19日一早,很多人都在报纸上看到了耐克为刘翔量身定做的最新广告。这一句广告词,也让公众的关注目光,从受伤的刘翔,转移到精明的耐克身上,最早把支持刘翔从言语落实到行动。耐克广告

创意成功地将危机化解为关注点。

我们可以看到,耐克公司此次成功应对突发事件时,没有选择回避,敢于接招,并且立即行动,用十足的创意,大打"亲情牌",把人们对于刘翔因伤退赛的关心成功转移到耐克品牌上,成功化解了这场灾难,将损失降到最低。

(四) 人员推销训练

【训练目的】

1. 搜索一推销员的经验并进行评述。
2. 写作一份推销计划并模拟训练。

作品一 巧妙的推销员

一位推销员欲向一企业推销某种沙子,首先暗地里调查了该企业使用的沙子来源和使用情况,并从工地现场取了一些样品。当他出现在企业领导面前时,并不说明来意,而是突然将沙子倾倒在事先准备好的白纸上,顿时尘土飞扬。企业领导人大为不满正欲发火,推销员却不慌不忙说道:"这是贵工地正在使用的沙子。"接着将另一袋沙子倒出,却是干净无尘。推销员介绍道:"这是我们的产品。"这一举动立即引起企业领导的兴趣,最终达成生意。

【分析与探讨】

这位推销员成功达到推销目的的原因:

第一,充分准备是推销成功的前提。为了保证推销任务的顺利完成,在开始推销之前,暗地里调查了该企业使用的沙子来源和使用情况,并从工地现场取了一些样品,做到了心中有数,从而能有针对性地开展推销活动。

第二,巧妙设计推销方法是推销成功的基础。通过先倾倒尘土飞扬的沙子,然后再倾倒干净无尘的沙子进行对比,迅速引起客户注意,使其产生兴趣,激发了购买欲望,促成购买行动。

第三,准确揣摩客户心理是推销成功的关键。抓住客户注重沙子质量的消费心理,通过两种不同质量沙子的对比,产生了"此时无声胜有声"的奇效。

作品二 成功的食品推销员

食品推销员马休正想以老套话"我们又生产出一些新产品"来开始他销售谈

话，但他马上意识到这样做是错误的。于是，他改口说："班尼斯特先生，如果有一笔生意能为你带来1200英镑，你感兴趣吗？""我当然感兴趣了，你说吧！""今年秋天，香料和食品罐头的价格最起码上涨20%。我已经算好了，今年你能出售多少香料和食品罐头，我告诉你……"然后他就把一些数据写了下来。多少年来，他对顾客的情况非常了解，这一次，他又得到了食品老板班尼斯特先生很大一笔定货，都是香料和食品罐头。

由此我们可以看出，想要做一个成功的食品推销员要做到以下几点：

1. 首先要掌握产品的基本知识。如生产企业强大的背景、产品的特点、生产工艺、口味、对身体的好处等等。

2. 了解同类产品相关信息，且要知道其软肋，但推销时不能恶意贬低对方，可以说自己的好处，其他产品不具备等等。

3. 可以设置免费品尝、买赠的优惠政策。

4. 还有一个秘诀就是只要有时间就多和顾客聊关于饮食的事情，即使他不买，也不放过每个顾客，你接触的顾客越多成交率就越大。

5. 在实践中要研究购买此类消费品的人群心理，多总结，还有和同行多交流经验，必要时可以做调查。

6. 其他。良好的沟通能力，微笑服务等等。在推销中不能害怕失败。在推销的过程中必然会遇到被客户拒绝的时候，但是此时不能灰心丧气，应该从失败中总结教训，总结一下在推销的过程中哪个环节出现了问题，在下一次的推销中吸取教训并加以改正。

一名好的推销员不仅仅要有良好的沟通能力，也要有一定的创新能力，要能做到以巧取胜。突破固有的推销方式往往能取得意想不到的收获。

作品三 一名"如新产品"推销员的经验

1. 本着对消费者负责的销售态度，坚持如新的理念，"把好东西分享给大家"，而不是为了销售而销售。

2. 对周围的人有高敏感度。如新的产品有护肤品和保健品两大类，把它们推荐给适合的人，例如多观察周围人的皮肤变化和身体健康状况，及时发现他们身上的健康隐患，告知他们治疗的办法，用如新产品进行调理。

3. 对如新产品要有很高的知识掌握。要尝试如新所有产品并了解其治疗原理后才能向顾客推荐，掌握其调理重点，"对症用药"，做到及人所需。

4. 发展新的客户，开产品会，给顾客开卡，不断扩大自己的销售网。

5. 留住老客户，保持固定销售网和顾客基础。

6. 不断发展和培养自己下属新的推销员，加强如新推销员的销售基础和规模。

【分析与探讨】

如新的这套销售体系会造就出许许多多优秀的推销员。首先如新的产品打造的就是"优异，你看得见"的理念，这给推销员提供了一个很好的销售基础和销售环境，毕竟好的东西总会有人要。其次如新的销售员和其他公司的销售员的本质区别就是销售动机，其他公司多是抱着以销售盈利为目的，而如新销售员则不担心盈利问题，因为优秀的东西不愁销售。如新销售员的销售动机是把好东西分享给大家，造福顾客，这样就不会为了销售而强加于顾客一些思想上的东西，不会是"忽悠"顾客，他只需把如新的好，运用自己的语言和相关工具介绍给顾客。

作品四　关于家庭型体育玩具的推销计划

一、市场分析

进入 21 世纪以来，人们越来越多地认识到体育锻炼在促进身体健康方面的作用，所以越来越重视体育锻炼。但由于家中场地的限制，家庭人数的限制，人们很少能够以家庭为单位进行体育锻炼、体育游戏等。现在市场上出现了很多辅助家庭进行体育游戏的器械，这种玩具的出现将满足大量家庭的健身需求，市场需求量很大。

二、工作规划

1. 品牌及产品推广

打响品牌知名度。公司应以最快的速度在市场中建立独立品牌的声誉和概念。提升知名度的主要渠道是通过广告的传播，广告的渠道主要是车站广告，灯箱广告，海报广告等；广告的分布区域首先应该在运动场、健身俱乐部等爱运动的人士或与运动产品相关的人士频繁出现的运动场所。

人员推销。公司应具有一些职业素养高，反应迅速，坚持不懈的市场推广人员，在全国范围内将公司产品推销给各大厂商。

2. 促销活动的策划与执行

开展频率与时机。在一些户外产品处在淡季销售期的时候，可以选择开展促销的活动，一方面刺激出售，另一方面可以借活动的形式增加品牌的知名度。

促销活动形式。以品牌独家展销会的形式，邀请全国各地的厂商零售商参观洽谈业务。

第六章 体育市场经营中的销售渠道策略

一、知识训练

(一) 基础知识训练

1. 填空题

(1) 影响企业选择销售渠道的因素很多，一般来讲主要有_____、_____和_____。

(2) 只利用一个层次中间商的渠道为_____渠道；利用几个层次中间商的渠道为_____渠道。

2. 判断题

(1) 某品牌体育服装的分销渠道流程如下：服装生产商——某省级代理商——某市级代理商——零售商——消费者，该服装采用的是二级分销渠道。（ ）

(2) 一般来说，单位产品价格高的产品，销售渠道应长；价格低的产品销售渠道应短。（ ）

3. 选择题

(1) 下列说法正确的是（ ）。

A. 一般来说，体育消费品适合于直接销售或短渠道。

B. 对于体积大、笨重的体育器械，如篮架、单双杠、平衡木等，销售渠道应缩短。

C. 季节性、时间性强，市场需求变化快的体育产品，如游泳衣、滑雪服等，销售渠道应该延长。

D. 一般说来，技术复杂的产品，售前、售后服务要求多的产品，如体能测试、机能测试、心理测试的设备销售，需要良好的售前售后服务，销售渠道越长越好。

(2) 运动员雇聘的委托人是（　　）。
A. 运动员经纪人　　　　B. 体育组织经纪人
C. 体育比赛经纪人　　　D. 体育媒体经纪人

4. 名词解释

(1) 销售渠道
(2) 体育经纪人

5. 简答题

(1) 简述影响体育健身活动地点选择的因素。
(2) 简述影响销售渠道选择的产品因素。

（二）案例分析训练

案例分析一　星巴克的直营模式

30多年来，星巴克对外宣称的都是：坚持走公司直营店，在全世界都不要加盟店。

但是，也有质疑观点认为，在星巴克与世界各地企业的几种合作模式中，星巴克不占股份而只是纯粹授权经营的模式，在本质上就是一种加盟的经营模式。对此徐光宇表示，星巴克在某一个国家或某一个地区，比如新加坡、北京（授权经营星巴克在中国华北地区的市场）等，寻找一个比较有实力的大公司进行授权合作，双方是合作的关系，这种方式不属于平常所说的加盟连锁。

事实上，星巴克的直营路子更多地体现在另外一个层面：星巴克合资或授权的公司在当地发展星巴克咖啡店的时候，"顽固"地拒绝个人加盟，当地的所有星巴克咖啡店一定是星巴克合资或授权的当地公司的直营店。

业内人士分析说，如果星巴克像国内多数盟主那样采用"贩卖加盟权"的加盟方式来扩张，它的发展速度肯定会比现在要快得多。当然，也不一定比现在好得多。

星巴克为自己的直营路子给出的理由是：品牌背后是人在经营，星巴克严格要求自己的经营者认同公司的理念，认同品牌，强调动作、纪律、品质的一致性；而加盟者都是投资客，他们只把加盟品牌看作赚钱的途径，可以说，他们唯一的目的就是为了赚钱而非经营品牌。

直营与加盟店的不同之处还在于：直营店的所有权力均由母公司所掌握；而加盟店的老板有部分的权利，母公司只是提供技术或相关资源。星巴克之所以不开放加盟，是因为星巴克要在品质上做最好的控制。比如，星巴克决不会吝啬报废物料，而只为了提供顾客最好的咖啡。但是如果开放加盟权，很难说每个加盟店的老板都会舍得一直增加成本，只为了提供客人一杯好咖啡。同时，推行加盟连锁的企业必须具备很强的法律事务处理能力，以应对与加盟商产生的各种法律问题。因此，为了让品牌不受到不必要的干扰，星巴克决定不开放加盟权。

【分析与探讨】
(1) 星巴克的经营渠道有何特点？
(2) 这种渠道与产品有何相关性？

案例分析二　渠道变革

"王总，您看能否通融一下，跟上级领导好好谈谈？"老吴的声音有些颤抖，虽然成功的几率很小，不过还是尽力争取。

"老吴啊，上级的语气很强烈啊，我也没有办法，你就按我们说的去做吧，你不做还有很多人等着做呢。"王总说完，挂掉了电话。在一旁发呆的老吴，暗骂了一声"真没良心"。

老吴是个明白人，厂家这次明显就是卸磨杀驴。自接管K啤三年来，老吴每日早出晚归，任劳任怨，坚持每天下市场，拜访客户，维护客情，可算是兢兢业业，鞠躬尽瘁。在老吴的努力下，K啤也由名不见经传的杂牌啤酒做成了当地人尽皆知的名牌啤酒之一。而这次王总却打着"深度分销，渠道扁平化"的手段公然分割自己的市场，说什么也咽不下这口气，可对于厂家下山摘桃子的做法却无可奈何。

气归气，静下心后，老吴决定先弄清事情的缘由再做打算。后来了解到，由于新到任的王总为尽快做出成绩而打算采取深度分销、渠道扁平化的模式操作市场，因同省的大户老张的极力反对尚在犹豫当中。弄清原因后，老吴决定采取以退为进的策略：先是对王总的决策表示坚决拥护，然后用大量的事实和数据说明采取深度分销的不利，最后表示将全力开发市场，保证下一年度销量增长率达20%以上。在老吴强大的攻势下，王总表示妥协，同意了老吴的建议。就这样，一场争端在友好的氛围下化险为夷。

【分析与探讨】
该案例表面上是厂家和经销商之间的博弈，实际上是双方对渠道控制权的争

夺。在经济快速发展的过程中，渠道变革不可避免，那么，厂家实行渠道扁平化的主要原因及对策如何？

1. 上游生产商竞争激烈，利润大幅缩水，不得已而削减经销商的数量，以此降低运营成本，提高利润。

2. 大型零售终端的崛起及扩张，为实现利润最大化直接绕过经销商找厂商进货，经销商被"架空"。

3. 经销商自身管理落后，经营手段单一，不能跟上厂商的步伐。

4. 经销商思想落后，固步自封，发展到一定程度后便与厂商公然对立，厂商为摆脱要挟而"痛下杀手"。

那么，实力弱小的中小经销商该如何应对厂商的扁平化政策？

1. 顺应渠道发展的潮流，以平和心态去面对。市场是无情的，你不发展别人发展，与其做无谓的反抗，倒不如争取更多的时间实施自身变革，以最快的速度适应市场的需求。

2. 重新定位。变色龙之所以能够在自然界安全生存，很重要的原因是它自身能根据外界环境的变化快速做出反应。中小经销商更要像变色龙一样，快速调整位置，对自身的角色重新定位，以便能更快地适应外部环境的变化。

3. 做专销商。中小经销商对自身实力及优势要有个清醒的认识。比如有的经销商 KA 客情比较好，可以做 KA 专供；有的物流配送实力比较强，可以申请做厂商的物流配送商。

4. 转型。在现代经济发展过程中，终端对厂商的重要性是不言而喻的。中小经销商可以根据自身的资金实力、经商经验、人脉关系等转型做终端商。

【点评】

中小经销商要认清形势，及时与厂家沟通，赢得自身改革的时间，找一条适合自己发展的道路，以适应渠道改革的需要。

案例分析三　从做加法到做减法

霸州市位于冀中平原东部，经济发达，人口密集。曾老板作为该市的酒水经销商，正所谓占尽天时地利。曾老板是个极有魄力的人物，商业头脑敏锐，手腕老成，于20世纪90年代初专销老字号某某特曲起家，借着经济发展的繁荣期，不过三五年便把该品牌做得风生水起，销量也年年增长，连续三年被厂家评为"优秀经销商"，成为厂家重点扶持的对象之一。然而到了2002年后，酒水行业竞

争激烈，利润空间严重缩水。曾老板为了转移风险，借着雄厚的原始资本积累和强大的销售网络，经营范围开始拓展到休闲食品类、面食类、粮油类行业，在曾老板的努力下，生意也慢慢好了起来，尝到甜头的曾老板决定继续扩大经营范围，经营范围扩大到生活用品行业。受2008年金融危机的影响，曾老板的事业受到冲击，为回笼资金，曾老板不惜壮士断腕、弃车保帅，毅然砍掉了自己不熟悉的生活用品行业、休闲食品行业等。转了一个圈后，曾老板又回到了原点。

【分析与探讨】

这便是国内大多数中小经销商所经历的怪圈。大多数经销商所面临的问题是先做大还是先做强的问题。这个问题实际上涉及到经营战略方面的内容。

1. 盲目扩张，缺乏长远规划。广大中小经销商发展到一定程度后，迫于外部环境的变化或竞争的需要，扩张便成为了一条生存发展的捷径。往往这种扩张具有较大的盲目性和投机性。因盲目扩张而导致资金周转困难最后破产的比比皆是。所以，中小经销商最好是根据企业自身发展的规律做一个长期的规划。

2. 对先做大还是先做强概念理解不透。企业要生存和发展，做强是结果，做大是过程。中小经销商要做大做强，需要有先进的经营理念、科学的经营战略、优秀的团队、完善的企业制度和内部监控管理体系。做大做强是一个长期的过程，切忌浮躁而盲目扩张。

3. 管理落后，难以驾驭。最主要的原因是经营者自身的管理水平有限，缺乏专业的管理人才，导致经营者力不从心。而且，加大经营范围，扩大经营风险，资金分散，也不利于企业发展。

【点评】

实力弱小的经销商，通过扩张寻求生存和发展的道路，不仅成本低，而且见效快。笔者建议，企业扩张发展要量力而为，最好先做系统的规划。

二、技能训练

（一）营销合作协议陈述训练

【训练目的】

1. 搜索一份完整的体育营销合作协议书并分析。
2. 营销合作协议书写作技能训练。

第六章　体育市场经营中的销售渠道策略

作品一　青岛啤酒体育营销合作协议书

在互联网上搜索到《青岛啤酒体育营销合作协议书》，这份协议书是青岛啤酒公司在2006年以2006年世界杯和2008年北京奥运会为依托策划的营销策划协议。青岛啤酒赞助都灵冬奥会，在世界杯期间开展"观球论英雄"活动，赞助北京奥运会等行动，抓住2006年至2008年期间体育市场的巨大商机，将自己的产品与体育赛事活动完美结合。

合作协议书内容包括：公司背景介绍、策划目的、市场环境分析（市场占有率，其他品牌概况等）、品牌的SWOT分析、消费者分析（包括消费者的总体消费态势，从年龄、职业等角度分析消费者构成）、消费者的消费行为（消费场所、时段、场合、价位）、对竞争对手的优劣势分析、目标市场建立（按地域划分、按渠道划分）、市场定位（价格定位、消费者定位、产品定位）、媒体策略（媒体选择及传播、广告诉求）、具体活动及预算。

以下几点使我印象深刻：

1. 青岛啤酒此次与体育赛事结合的营销策略的目的不仅仅局限于单纯的盈利。首先，提升品牌形象。第二，青岛啤酒公司不只把盈利作为此次与体育市场营销结合的目的，还希望把体育精神带入集团，从而加强公司凝聚力、员工责任心等。第三，增强品牌在国外的知名度。第四，使顾客从公司文化方面了解青岛啤酒。这样的目标是企业在实现盈利的同时，在企业管理和企业形象树立、扩展知名度方面都会有所收获，利于企业的长期发展。

2. 品牌的SWOT分析，即优势、劣势、机会和威胁综合分析法，是一种企业竞争态势分析方法，是市场营销的基础分析方法之一。通过评价企业的优势（Strengths）、劣势（Weaknesses）、竞争市场上的机会（Opportunities）和威胁（Threats），用以在制定企业的发展战略前对企业进行深入全面的分析以及竞争优势的定位。

作品二　自拟《某知名合资冰激凌品牌公司体育营销合作协议书》

公司背景介绍：我公司是一家与美国某品牌合资的冰激凌品牌公司，在现今的北京冷饮市场上具有可观的固定消费者。

149

策划目的：借世界杯人们观赛之时机，销售我公司冰激凌，一方面获得利润，另一方面扩展我公司产品知名度。

市场环境分析：现在冰激凌市场上品牌繁杂，与我公司同属于中上等价位的冰激凌品牌主要是以美国DQ冰激凌为代表的美国风味冰激凌。

品牌的SWOT分析：我们的优势在于拥有优秀品质的产品，高效的销售团队和严谨的公司管理机制。

我们的劣势是在北京市场中的知名度还没有完全打响，需要进一步扩展。

我们的机遇是将我们的产品利用此次活动为平台与世界杯紧密联系，从而打响品牌知名度。

我们面对的威胁一是来自其他品牌的竞争，二是世界杯期间我们要借助啤酒节等畅饮活动的平台与其融合，这种做法消费者的接受程度。

消费者分析：近年来，北京地区消费者对于外出进行冰激凌等冷饮消费的份额有明显的增加。消费人群也从原有的青少年扩展为20~25岁的白领人群，并且年龄阶段有增加的趋势。可见，白领人群已越来越多地接受了我们的冰激凌产品。

消费者的消费行为：消费者的消费场所为世界杯啤酒节场地，将设有店面及露天棚位等两种形式的场所；时间为晚9点至次日4点；价位与平日相同。

媒体策略：电视广告与店面海报结合。另外与啤酒节的啤酒厂商共同宣传此项活动。

（二）体育经纪人能力训练

【训练目的】

1. 了解体育经纪知识。
2. 搜索一份体育经纪人经纪案例进行分析。
3. 策划一项体育经纪活动。

作品一　体育经纪人

一位好的体育经纪人（或体育经纪团队），可以最大程度地实现体育明星的保值、增值；一个坏的体育经纪人（或体育经纪团队），则可以葬送体育明星的前程。

前者的典型案例是姚明，在"姚之队"的帮助下，这个原本默默无闻的上海小伙，不仅成功登陆NBA，而且已然成为了身家亿元以上的超级大富翁；后者的

第六章 体育市场经营中的销售渠道策略

典型案例当属田亮,他的经纪人名叫刘韬,很不幸,操作了半年,刘韬的经纪人身份不仅不被国家体育总局所承认,而且使得田亮不断有麻烦上身,尤其是"东南亚写真事",直接导致了田亮被除名。

由于奥运会之后操作田亮进军娱乐界,开了中国体育界的先河,刘韬被称为是第一个吃螃蟹的人。可惜的是,这位勇于吃螃蟹的人,除了会炒作之外,并没有真正的商业头脑,甚至缺乏起码的体育经纪人的经验。

对于体育明星来说,揽来大笔广告单或商业合同的前提,是要维护以及营造好自身的形象。譬如姚明,他的球技如何坊间其实一直存在着争论,但他幽默、善良、向上、爱国的形象,却早已深入人心。这多亏了深谙体育营销的"姚之队"的帮助。打球之外,姚明经常参加社会公益活动,不该接的广告绝不乱接,不该参加的商业秀绝不参加。给人的感觉,姚明简直是优秀运动员的典范。

恰恰相反的是田亮,奥运会之后,全国各地到处可以看见他走穴的身影。大到各省市组织的庆功活动,小到某楼盘的开盘仪式,他简直一个都不放过。分身乏术的同时,自身的形象也大打折扣,以致大大小小的媒体对此不断诟病。而作为主管部门的国家体育总局,也自然不希望属下的运动员成为走穴的机器,忍无可忍的情况下,总局当然要采取紧急的措施。

表面看来,田亮走马灯般地参加商业活动,为他带来了可观的收益。实际上,由于他自身的形象受损,从长远来看,他总有一天会尝到苦果。而姚明则细水长流,其身价呈水涨船高之势,可谓名利兼收。

将田亮与姚明进行对比,人们不难发现一位好的体育经纪人是多么重要。值得一提的是,东南亚海啸发生之际,刘韬没有取消田亮赴东南亚拍写真的行程,原因是写真集已经排定了出版日期,可见其多么短视和无知;而在事件发生之后,当国内诸多媒体纷纷对田亮的行为提出批评之时,刘韬不仅没有采取"危机公关"措施,安排田亮表达歉意,还编造种种无耻的谎言,说田亮"有计划"向灾民捐款。写真照片倒是拍了,可是田亮的写真集能否有市场只有天知道。可悲的是,在相当程度上,正是因为此事件,体育总局才痛下杀心。

中国的体育明星告别举国体制的大包大揽,投向体育经纪人的怀抱,向国际潮流接轨,当然是巨大的进步。然而,在转型的过程中,在中国的体育经纪事业才刚刚起步的今天,明星们一定要睁大眼睛仔细分辨,否则会被误了大好前程。

必须反思的还有我们的有关部门,是否也应该采取有力措施,建立健全体育经纪人制度。

作品二　2010年世界杯图片展

一、活动概况

2010年世界杯结束后，在全世界范围内征集真实、有个性、生动吸引人的世界杯图片，开展一次图片展。摄影者授权图片展组委会将图片展出，有意向的参观者可通过组委会购买照片。

二、市场评估

目标客户是对世界杯球赛感兴趣的参观人群。

三、市场销售计划

1. 产品与服务

产品主要为世界杯期间赛场内外的照片，任何值得人们回味的瞬间都可。

2. 价格

利润为成本价的两成左右，每幅照片公司赚取两成费用。

3. 地点及时间

(1) 选址

地址选在北京798艺术工厂某家店面。798艺术工厂是北京范围内文化气息最浓郁的地段，比较适合开展图片展。世界杯期间，结合世界杯主题，798艺术工厂会有相应活动，世界杯气氛的渲染有利于人们做出购买的决定。

(2) 销售方式

销售对象主要为最终消费者。

(3) 时间

时间是世界杯期间及世界杯结束后10天之内。

（三）体育活动举办地点选择训练

【训练目的】

1. 了解地点选择对举办体育活动的意义。
2. 写作一份体育活动举办地点选择说明书。

📖 作品一　工体世界杯竞猜

活动名称：工体世界杯竞猜

活动时间：2010 年

活动地点：北京工人体育场

活动举办形式及举办地说明：

此次活动为健康竞猜非赌博活动。世界杯期间，作为某家知名体育报纸与某知名啤酒商家合作，在北京工人体育场外围，北门 LED 大屏幕外设立露天观赛区。观众中报社球迷无需购票，其他观众需购票入场，票价人均 5 元。现场消费该商家啤酒者可参与竞猜活动。

每场竞猜活动的奖励为非现金方式。每场竞猜活动，猜对胜、负、平结果者可享受单桌消费 7 折优惠；猜中单场比分者，可享受 5 折优惠，每桌仅限一人参与竞猜。对决赛当天参与活动者，商家赠送世界杯吉祥物纪念品。

活动期间支付给工人体育场的场地租金由啤酒商与体育报社共同承担，啤酒商所得利润分予报社 30%。

最终解释权于啤酒商与体育报社共有。

📖 作品二　首都体育学院游泳综合馆举行游泳比赛的地点说明书

游泳综合馆拥有现代化的游泳设备和标准的泳池布置。本馆设 25m×50m 的 10 道泳池，浅水区水深 1.2~1.5m，深水区水深 2.2~3.0m，为广大游泳爱好者包括儿童提供了不同需求的选择。水温常年保持在 25℃~28℃，冬季室温为 30℃左右。

泳池循环水净化处理系统采用日本先进的水处理设备，运用硅藻土多级吸附过滤，使泳池中水的过滤精度达到 3℃以下，能滤除 1μm 以上的固体悬浮物、大肠杆菌和藻类。并运用次氯酸钠进行消毒，使水质更湛蓝、清澈。其水质、净度符合国际泳联规定的专业比赛用水标准。目前，日本、美国、德国等发达国家都已采用此净化水进行美容美浴。这里是举办游泳比赛的理想地点。

游泳馆交通便利，并设有约30个停车位，方便驾车族停车。也可乘坐123路、300内环、300外环、302路、323快车、361路、367路、422路、425路、604路、626路、650路、658路、695路、718路、731路、801路、80路、836路、88路、967快车、967路、机场4线、特8内环、特8内环主路、特8外环、特8外环主路、运通101线、运通201线到蓟门桥西下车步行前往。

首都体育学院游泳馆拥有优良的后勤保障和服务，校内每个场馆都配备有专门的工作人员提供专业周到的服务。又由于有很多专业的体育特长生，比赛时就会拥有众多低廉且专业的裁判员和工作人员。

附近罗庄以及蓟门桥的餐饮服务众多，口味丰富，价格便宜，方便庆祝聚会。附近旅馆也有很多，方便外地参赛选手入住。

第七章 体育市场调研及预测

一、知识训练

(一) 基础知识训练

1. 填空题

(1) 市场预测的主要方法有：_____、定量预测法。

(2) 根据企业市场研究的重点和要达到的不同目的，体育市场调研可以分为探测性调研、_____、_____和预测性调研。

2. 判断题（请在你认为正确题目后面打"√"，在你认为错误题目后面打"×"）

(1) 将北京市所有大学生作为调查对象，按性别、专业、年龄等不同方面分为不同的群体，再从中抽取一定的比例人数，这种样本抽样的方法称为分群抽样。（　　）

(2) 厂长经理判断法与推销人员估计法都属于定性预测法。（　　）

3. 选择题（单项选择）

(1) 当某一知名体育用品公司调研人员提出为妇女瘦身领域开发一系列产品的想法，并经公司经理层分析决定采纳某一观念或想法时，他们下一步的工作应该是（　　）。

　A. 营业分析　　　B. 评核与筛选　　　C. 试销　　　D. 正式进入市场

(2) 某个体育用品公司的市场营销经理，要想了解顾客的态度，了解顾客是怎样看待他们的产品和服务的，了解顾客是如何看待他们的竞争对手的，了解哪些客观因素对他们有利等等，他就需进行（　　）。

　A. 市场规划　　B. 市场组合设计　　C. 市场营销调研　　D. 预测市场需求

4. 名词解释

(1) 市场调研
(2) 特尔菲法

5. 简答题

(1) 简述体育市场调研的任务。
(2) 简述体育市场调研的内容。

(二) 案例分析训练

案例分析一　雅芳公司的市场调查分析

在过去的近 100 年间，美国雅芳公司（AVON）一门心思关注沿着雅芳小姐几何级数式的增长。雅芳小姐的工作就是将自己的家或办公室布置成雅芳公司各种产品的陈列室，产品包括美容保健产品、妇女衣物的搭配物、小饰物以及甜食等。每两周，每位雅芳小姐都会得到一份新的统一的美国市场目录清单用以向顾客展示。产品生产依据这些目录清单进行，以保持最低存货水平。雅芳小姐每两周收到一次货款，公司的流动资金周转不会受赊账之类的付账方式的影响。

公司业务量的成长取决于雅芳小姐人数的增加。到 1979 年，雅芳小姐的人数创记录地达到 401000，覆盖了全美 8000 万家庭的一半。但在这一年，这种几何级数的增长速度开始趋缓。这一年雅芳小姐人数的增加只达到计划的 1/3。虽然公司加倍努力，营业额有所增加，但利润下降了。到 1983 年，雅芳公司的股票价格下跌了 2/3。

1983 年新上任的管理层发现，无法增加雅芳小姐的数量只不过是公司存在的许多深层问题的症状之一，这些深层问题包括：

公司不了解最终用户，同时也不能注意到以下几种环境变化，如独立购买模式的变化、家庭妇女参加工作、城市犯罪率上升、家庭规模变小、竞争加剧、出现新的销售方式等。

公司的统一价格、统一目录无法满足不同细分市场的需要。市场正不断地依据地区、种族与生活方式的不同而不断细分化。结果，当夏季热销季节过去之后，雅芳公司就脱离阳光地带的市场达大半年之久。另外，消费者认为雅芳产品的质量和包装都低于平均水平。

由于公司付给雅芳小姐的报酬低于玫琳·凯和安利这样的同类公司，从而使少数雅芳小姐跳槽，由于20%的雅芳小姐完成了公司一半业务，而跳槽的雅芳小姐多属于这20%，因而留下的雅芳小姐的业务能力相对较差。

最后，战略之间的冲突及混乱使公司的战略失去了动力。比如，为了雅芳小姐的利益，那些负责产品目录的销售管理人员降低了产品价格，这样每件产品的利润目标无法实现。再如，公司还弄不清主要竞争对手是像安利这样的直销商，还是像露华浓与劳德这样的化妆品专业厂商。

【分析与探讨】

（1）雅芳公司采取的是何种销售方式？这种销售方式有什么特点？

（2）从组织内部看，雅芳公司销售方式的效率受哪些因素的影响？并简要分析说明主要影响因素。

（3）根据材料所述，在雅芳公司管理层发现的问题中，"战略之间的冲突及混乱"从总体上看是什么涵义？

案例分析二　丰田汽车公司的市场调研

日本丰田汽车公司20多年前开拓美国市场时，首次推向美国市场的车牌"丰田宝贝"仅售出228辆，出师不利，增加了丰田汽车以后进入美国市场的难度。丰田汽车公司面临的营销环境变化及其动向是：

1. 美国几家汽车公司名声显赫，实力雄厚，在技术、资金方面具有别人无法比拟的优势。

2. 美国汽车公司的经营理念，汽车应该是豪华的，因而体积大耗油多。

3. 竞争对手除了美国几家大型汽车公司外，较大的还有已经先期进入美国市场的日本本田汽车公司，该公司已在东海岸和中部地区站稳了脚跟。该公司成功的原因主要有，以小型汽车为主，汽车性能好定价低；有一个良好的服务系统，维修服务很方便，成功地打消了美国消费者对外国车"买得起，用不起，坏了找不到零配件"的顾虑。

4. 丰田汽车公司忽视了美国人的一些喜好，许多地方还是按照日本人的习惯设计的。

5. 日美之间不断增长的贸易摩擦，使美国消费者对日本产品有一种本能的不信任和敌意。

6. 美国人的消费观念正在转变，将汽车作为地位、身份象征的传统观念逐渐减弱，开始转向实用化。他们喜欢腿部空间大、容易行驶且平稳的美国车，但又希望大幅度减少用于汽车的耗费，如价格低、耗油少、耐用、维修方便等。

7. 消费者已意识到交通拥挤状况的日益恶化和环境污染问题，乘坐公共汽车的人和骑自行车的人逐渐增多。

【分析与探讨】

(1) 丰田汽车公司从哪些方面了解竞争对手的情况？
(2) 通过该调研公司可以采取哪些相应的策略？

案例分析三 市场调研助百事可乐饮料瓶成功突围

在美国软性饮料市场上，可口可乐那突出、漏斗型的瓶子，使得可口可乐握起来更舒适、更粗壮，而且适于自动售货机贩卖，是可口可乐握在消费者手中还能让人辨认出来的唯一标志，也是重要的竞争优势。可口可乐曾经是美国民众不可或缺的一部分。

百事可乐花费数百万美元研究新的瓶子设计。从1958年起的20年中，百事可乐推出"旋涡型瓶子"的标准包装与可口可乐对抗，不但没有为该公司造成像可口可乐瓶子那般为消费者所认同的印象，反被认为是个仿冒者。

"可口可乐的瓶子，我们必须消除它那般无形的特殊力量，问题的症结到底在哪里？"当时担任百事可乐营销副总的约翰·史考利再三考虑这个问题。

"以寻求'更换竞赛场地的规则'来进行；可能的话，改变整个竞赛场地，设法向后探本溯源，看看顾客们真正的需要是什么？"

史考利知道百事可乐公司就是对他们的顾客认识不足，搞不清顾客的真正需要是什么？他发起一项大规模的消费者调查，以研究各家庭中如何饮用百事可乐和其他软性饮料。

该公司慎重选择350个家庭做"长期的产品饮用测试"，以折扣优惠价每周订购任何所需数量的百事可乐及其他竞争品牌软性饮料。

史考利回忆说："让我们大吃一惊的是，不管他们订购多少数量百事可乐，总有办法把它喝光。这让我恍然大悟，我们要做的就是包装设计，是使人们更容易携带更多软性饮料回家的包装设计。"

"情况已很明白,"他继续说:"我们该将竞争的规则全面变更。我们该着手上市新的、较大的,且更具变化性的包装设计。"于是,百事可乐把容量加大,让包装更有变化。

戏剧化的结果发生了。

可口可乐未将其著名的漏斗型瓶子转换为更大容器,百事可乐已经使长久以来遥不可及的"可口可乐瓶子"(一个已经让三代以上的美国人熟悉的商标)在美国市场上动摇了;百事可乐的市场占有率呈现出戏剧化扩张的趋势。

史考利发现了在食品销售中的关键事实,也是目前所有营销人员认知的事实——"你能说服人们买多少,他们就吃多少"。如何才能说服人们呢?市场调研是你的必然选择。

【分析与探讨】

(1)什么是市场调研?

(2)案例中百事可乐公司运用了什么调研方法?

(3)如果你是该公司的市场调研人员,你会怎么开展调研?

二、技能训练

(一)体育市场调研问卷陈述训练

【训练目的】

1. 搜索一份完整的市场调研问卷并进行分析。
2. 体育市场调研问卷设计训练。

作品一 《NBA官方用品市场调研问卷》

一、您的性别 (单选题)

男　　女

二、您平时对NBA有了解吗?(单选题)

听说过,但没具体了解　　了解一点　　非常了解

三、您喜欢的球队有哪些？（多选题）

休斯顿火箭　　　芝加哥公牛　　　洛杉矶湖人
新泽西网　　　　凯尔特人　　　　克利夫兰骑士
新奥尔良黄蜂　　圣安东尼奥马刺　菲尼克斯太阳
达拉斯小牛　　　丹佛掘金　　　　其他

四、您喜欢NBA的球星有哪些？（多选题）

姚　明　　　易建联　　　科　比　　　詹姆斯
艾弗森　　　保　罗　　　加内特　　　皮尔斯
韦　德　　　诺维斯基　　纳　什　　　斯塔德迈尔
邓　肯　　　奥尼尔　　　安东尼　　　戴维斯
麦　蒂　　　巴蒂尔　　　卡　特　　　其　他

五、您经常在哪些媒体了解NBA？（多选题）

电视广告　　报纸、杂志　　网站　　其他

六、您之前购买过哪些NBA产品？（多选题）

项链　　挂牌　　手链　　手机链　　手环
耳环　　皮带扣　钥匙扣　化妆镜　　胸针
发卡　　戒指　　衣帽　　球鞋　　　球星签名海报
纪念章　玩偶　　其他

七、您之前通过哪些渠道购买过NBA产品？（多选题）

网站　　　　专卖店　　　小商品市场

八、您愿意花费多少钱购买 NBA 的官方授权产品呢？（单选题）

100 元以内　　　　100 元~200 元　　　　200 元~500 元　　　　500 元以上

九、如果是 NBA 珍藏限量版的物品，您会花多少钱买？（单选题）

1000 元以内　　　　1000 元~2000 元　　　　2000 元以上　　　　不考虑

十、您愿意在 NBA 官方授权纪念品销售中兼职打工吗？（单选题）

是　　　否

【分析与探讨】

问卷调查是针对 NBA 官方用品的市场调查。首先问卷对被调查者的性别情况进行甄别，然后是问卷主题，了解被调查者对 NBA 项目的了解程度，从而可以明确被调查者是不是 NBA 官方用品的主体消费者、目标消费者或是否有可能成为潜在消费者。其次，了解被访问者支持的球队、球员等，以明确 NBA 各支球队的球迷数量分布，这在确定商品发行数量时会有帮助。摸清对方了解 NBA 的渠道，可以确定今后用品广告的主打渠道。了解购买者通常购买的产品类型及不同类型的产品的消费者心理价格，这些都是产品在实际的流通过程中所涉及的问题。只有明确这些问题才能在实际营销中对消费者的消费行为有所了解。

作品二　拟写篮球鞋新产品市场调研问卷

问卷编号：_____

各代理商/用户，您们好！

因我公司市场渠道发展需要，渠道产品除目前已有的篮球产品之外，近期将新增篮球鞋产品系列。为了解该系列产品的市场需求及前景，特进行一次新产品调研，请您就以下问题进行回答，以便我们搜集足够必要的信息完成该系列产品的调研工作。

我们保证,您的回答仅作为我们此次调研项目使用,不涉及其他用途。非常感谢您对我们工作的支持!

调研信息
被访人姓名:_____ 职务:_____
联系电话:_____
公司名称:
访问时间:_____年_____月_____日

问卷内容

1. 您认为目前市面上最受客户青睐的篮球鞋品牌有哪些?(至少提出3家)

(1)

(2)

(3)

2. 目前贵公司主要经营哪些品牌的篮球鞋?其主要优势在哪些方面?如价格、性能、售后服务、性价比、知名度等。(没有,请填无)

(1)

(2)

(3)

3. 对于篮球鞋产品您可接受的价格区间为:

(1) 500元以下　　　　(2) 500~1000元

(3) 1000~1500元　　　(4) 1500元以上

4. 贵公司的篮球产品2009年年度营业额为:

(1) 0万~10万元　　　(2) 10万~20万元

(3) 20万~50万元　　　(4) 50万元及以上

5. 2010年上半年营业额为:

(1) 0万~10万元　　　(2) 10万~20万元

(3) 20万~50万元　　　(4) 50万元及以上

6. 目前贵公司的篮球产品主要客户群有哪些?

序号　　用户群　所占业务量百分比

1

2

3

4

5

6

7

7. 您认为添加篮球鞋产品是否适合贵公司目前的篮球产品渠道销售模式?

(1) 是　　　　　　　　(2) 否

8. 若不适合,您认为应该选择怎样的渠道营销模式?

9. 您认为该系列产品最关键的营销手段是什么?

(1)

(2)

(3)

10. 若贵公司已有篮球鞋产品销售,目前的主要销售模式是:

(1) 直销模式

(2) 以系统集成商、经销商客户为主的分销模式

(3) 直销与分销相结合的混合模式

11. 您认为篮球产品在价格、性能、售后服务方面的重要性依次排序是:

12. 若我公司推出篮球鞋产品及解决方案,您是否有兴趣在您所在的区域渠道市场进行市场推广和销售?

(1) 兴趣很大,全力推广

(2) 兴趣一般,可考虑试销一下

(3) 无兴趣

13. 补充问题(无问题可不填写)

再次感谢您的合作,祝您生意兴隆!期待与贵公司的合作。

(二) 体育市场预测训练

【训练目的】

1. 掌握定性预测和定量预测的方法。

2. 用特尔菲法或用户意见法设计一个产品的预测方案并加以实施。

 作品一　用特尔菲法预测2012年家用电脑的普及率

(1) 如何挑选专家，挑选多少专家？
(2) 设计咨询表应该包含哪些内容？
(3) 怎样处理专家意见？
(4) 为了提高专家意见的回收率，你准备采用什么办法？

一、挑选专家

1. 请每个大城市里电脑市场+商场仓库+网店仓库的管理人员为专家，90%家用电脑都是从这里出去的。
2. 另请INTEL、AMD和威盛等几大芯片厂商出货的专家、主板厂家。
3. 挑选电信、网通、联通、铁通、广电、移动、卫通……的专家。
4. 户籍房产管理专家。

二、咨询表的内容

年销售金额；
销售数量；
居民户数；
家用互联网络使用户数；
你所知道的人中不使用电脑原因是什么。

三、筛选　合并　分析　归档

四、问卷搭送贺卡，回收后抽奖送话费10~100元，中奖率100%

作品二 知名体育用品品牌对大学生的影响力市场预测调查方案

一、前 言

随着全球经济一体化发展，体育成为一种重要的经济资源，正向产业化方向发展，并成为社会经济发展的新增长点。当前，我国体育产业发展已呈现市场体系整体化，产业布局区域集群化的特点，为我国的体育教育发展带来了前所未有的机遇和挑战。

以北京地区为例，在这个产业布局集群化发展的大格局中，北京成为重要的体育用品消费基地，体育产业有很好的发展潜力。主要表现在近几年体育产业总量的增加值不断攀升。体育产业的总体结构出现依托体育用品产业带动其他产业的发展特点，出现一个体育用品制造的产业集群带，体育用品及相关品牌超过 1000 个，例如安踏、特步、匹克、乔丹等国内知名品牌。大学校园是人类文明的集中体现地，大学生有更多的时间参与体育运动，可有效地促进体育用品的销售。

2008—2012 年我国成功举办一系列的大型体育赛事，成了体育用品产业的助推器。体育作为人类的一种社会实践活动，它的发展与社会的发展有着同步的基本节奏，人们对体育有了充分的认识。弘扬体育品格和体育精神，全面提高社会公众的体育素质，发扬更快、更高、更强的奥运精神，与时俱进地建设和发展体育产业，以现代的市场观制定和实施体育市场的规划，极大地刺激了国人休闲和健身的需要，全民健身运动空前高涨，运动消费成为居民消费的一个新热点。我国有很多的知名体育用品品牌，例如安踏、特步、361°、鸿星尔克、德尔惠等品牌为广大消费者所熟知。随着全民健身计划纲要的推出，体育用品企业再次得到了长足的发展，产量又创新高，质量不断提升，品牌创建取得突破性发展。

二、调查目的及对象

1. 通过对北京大学生个人情况、个人消费水平、对体育产品的认识、体育用品品牌的消费情况及在未来半年内的购买意向等方面的实地调查，分析在大学生中知名体育用品的消费市场需求、市场潜力及市场占有率情况，并在此基础上对商品需求或销售作出预测的方法。

2. 根据目前体育用品的消费情况，拟以北京在校大学生消费群为对象进行调查。

三、调查内容

1. 被调查者的基本情况：年龄、性别、文化程度、家庭状况等。
2. 被调查者的购买目的及其消费心理。
3. 被调查者的品牌意识观念及对各体育用品品牌的看法。
4. 被调查者的品牌认知度和品牌满意度。由此推断出北京地区体育用品品牌的市场占有率。
5. 调查被调查者未来半年的体育用品消费预测。

四、调查方法

为提高效率，保证调查质量，本次调查采取多渠道的灵活调查方式。除网络访问外，还可以选择一些重点调查点，如在学校的图书馆、篮球场、食堂等地点进行调查，以提高调查的针对性，减少被访者的外界干扰。此外，在不导致结果发生偏差的前提下，亦可选取部分熟识的对象进行访问，以提高调查结果的真实度。

抽样方法。将调查地区划分为教学区和休闲区两个部分，在每个区内进行随机抽样和配额抽样。

随机抽样是指在两个区内任意抽取样本（在发出的80份问卷中分析整理30份有效问卷）。任意抽样简单易行，可以及时取得所需的资料，节约时间和费用。

配额抽样是指把总体样本分为若干类组，然后在每个组中采取任意抽样或判断抽样的方法来采集样本（把样本按性别、月消费、家庭状况三个标准分类，分别规定样本数，三者之间不规定关系，在具体抽样时，三个分类标准互不影响。在发出的80份样本中，调查家庭状况不同的40位男性和40位女性的月消费体育用品的状况）。

五、调查进度与经费预算

1. 调查期限：×月下旬。
2. 经费预算。问卷打印费用80×0.5（元）=40元，车费50元，合计90元。

参考文献

[1] 骆秉全. 体育市场营销学 [M]. 北京：人民体育出版社，2008.

[2] 陈云开. 赛事经营管理概论 [M]. 上海：复旦大学出版社，2003.

[3] 邱菀华，邓华，刘晓峰. 现代文化产业项目管理 [M]. 北京：机械工业出版社，2004.

[4] 王秋石. 微观经济学原理 [M]. 北京：经济管理出版社，2000.

[5] 杨慧，吴志军. 市场营销学 [M]. 北京：经济管理出版社，1997.

[6] 郭国庆. 市场营销管理——理论与模型 [M]. 北京：中国人民大学出版社，1995.

[7] 赵长杰. 现代体育营销学 [M]. 北京：北京体育大学出版社，2005.

[8] 刘勇，李伟民. 体育市场营销导论 [M]. 北京：龙门书局，1998.

[9] 张岩，等. 体育经济学概论 [M]. 吉林：吉林人民出版社，1990.

[10] 史伟. 定价策略与技术 [M]. 北京：商业时代，2004.

[11] 邓丽明. 新编市场营销案例与分析 [M]. 南昌：江西高校出版社，2007.

[12] 张贵敏. 体育市场营销 [M]. 上海：复旦大学出版社，2006.

[13] 侯琦. 中国运动品牌体育营销组合策略分析——以李宁为个案 [J]. 商场现代化，2009.

[14] 郭燕. 中国体育运动品牌营销策略分析 [J]. 商场现代化，2009，(12).

[15] 菲利普·科特勒. 营销管理 [M]. 第13版. 上海：格致出版社，2009.

[16] 顾春梅. 新编市场营销学 [M]. 杭州：浙江工商大学出版社，2009.

[17] 唐德才，等. 现代市场营销学教程 [M]. 北京：清华大学出版社，2009.

[18] 王方华. 市场营销学 [M]. 上海：上海人民出版社，2007.

[19] 杨建华. 广告学 [M]. 广州：暨南大学出版社，2006.

[20] 杨兴国. 品牌划谋 [M]. 北京：经济管理出版社，2008.

[21] 孙晓强. 品牌资产提升策略——品牌代言人视角下的理论与案例 [M]. 北京：经济科学出版社，2009.

[22] 柏唯良. 细节营销 [M]. 第2版. 北京：机械工业出版社，2009.

[23] 格里菲斯. 低成本快营销——针对中小企业的101个实效营销创意 [M]. 北京：企业管理出版社，2008.

[24] 罗森布洛姆. 营销渠道管理的视野 [M]. 第7版. 北京：中国人民大学出版社，2006.

[25] 科特勒. 科特勒营销策略 [M]. 北京：中信出版社，2007.